성령의 이끄심
그 길을 가다

성령의 이끄심 그 길을 가다

―――――― 사도행전
루카가 전하는 사도들의 이야기

최종훈 지음

성서와함께

머리말

하늘의 별보다 많은 땅 위의 십자가

언젠가 프랑스 북부에 있는 어둡고 한적한 시골길을 달리고 있었다. 그때 우리를 인도하는 빛은 자동차에 달린 전조등이 유일했다. 잠시 차에서 내려 무심히 하늘을 올려다본 순간, 모든 것이 멈춰 버린 듯했다. 손을 뻗으면 잡힐 것 같은 수많은 별이 보석처럼 반짝였다. 그야말로 하느님의 선물이었다. 그 자리에서 오랫동안 하늘을 올려다보면서 당장이라도 쏟아질 듯한 별을 두 눈에 담았다.

　얼마 전 마음이 답답해 하늘을 올려다보았다. 많은 일에 매인 탓에 고개를 숙이고 아래만 보고 있는 나를 위로하려 한 일이었다. 하지만 미세먼지 때문인지, 아니면 거리의 화려한 네온사인 때문인지 하늘의 선물은 나를 외면하고 있었다. 그러나 하늘에서 찾을 수 없던 그 빛들을, 우리는 땅에서 찾을 수 있다.

불을 밝힌 첨탑 꼭대기에, 예수님의 사랑과 희생을 상징하는 십자가가 붉게 땅을 수놓고 있다. 하느님께서 아브라함에게 약속하시며 바라보라 하셨던 그 수많은 별들은 인간의 이기심과 욕심 때문에 지워지고 있지만, 하느님의 이름으로 또 다른 별들이 땅 위에 새겨지고 있다. 세상의 십자가는 예수님을 따르는 사람들이 만들어 간다. 십자가는 예수님의 뜻을 따르고, 그분의 꿈이 이루어지기를 바라며, 그분의 희생과 사랑을 배우려고 노력하는 사람임을 드러내는 표지이다.

그렇다면 현실은 어떠한가? "땅 끝에 이르기까지 나의 증인이 될 것이다"(사도 1,8) 하신 예수님을 따르는 사람들은 이 세상에 세 명 중 한 명꼴이다. 그들은 누가 오른뺨을 치면 왼뺨까지 돌려 대어야 하고, 속옷을 달라고 하면 겉옷까지 벗어 주어야 하며, 천 걸음을 가자고 하면 이천 걸음을 걸어가 주어야 하는(마태 5,39-41) "그리스도인"(사도 11,26)이다. 하지만 세상은 예수님의 말씀과는 다르게 돌아간다. 아니 '그리스도인'이라는 이들이 예수님을 더 배반하면서 산다. 예수님의 법이라고 하면서 어긋난 길을 제시하고, 예수님의 이름을 팔아 자신의 욕심을 채우기도 한다. 다른 사람의 고통에는 아랑곳하지 않은 채 자신의 어려움에만 분노하고 울부짖는다. 자신과 관계 없는 일에는 무관심을 넘어 경멸에 찬 시선을 보내면서 그것이 세상을 살아가는 지혜라며 스스로를 위로하고 정당화한다. 그런 사람들이 진정 그리스도인인가? 혹시 나도 그런 모습으로 살고 있지는 않은가?

집 안을 둘러보자. 곳곳에 걸린 십자가 위에 계신 예수님께서 팔을 벌려 우리를 맞으신다. 손가락에는 열 개의 알이 달린 묵주반지를 끼고, 적어도 하루에 한 번은 몸에 십자가를 그으며 그분의 뜻이 이 세상에 실현되기를 기도한다. 또 적어도 일주일에 한 번은 우리를 위해 당신 자신을 내어 주신 그리스도의 몸을 받아 모시고 두 손 모아 그분의 사랑을 실천할 것을 다짐한다. 그렇지만 우리가 진정한 '그리스도인'으로 살아가고 있는지 스스로에게 물었을 때, 그 누가 부끄러움 없이 예수님 앞에 당당히 서 있을 수 있을까? 어쩌면 우리는 '참된 그리스도인'으로 사는 방법을 잊은 채, 그저 살아가는지도 모른다. 어디에서 그 답을 찾아야 할지 막막하기도 하다.

부활하신 예수님께서는 세상을 떠나시기 전, 당신의 사랑하시는 제자들에게 유언과도 같은 말씀을 하신다. "성령께서 너희에게 내리시면 너희는 힘을 받아, 예루살렘과 온 유다와 사마리아, 그리고 땅 끝에 이르기까지 나의 증인이 될 것이다"(1,8). 예수님을 증언하고 그 증언에 따라 살아가는 이들이야말로 참된 그리스도인일 것이다.

"참된 그리스도인은 어떻게 살아가야 하는가?" 이 질문의 답은 루카가 전하는 '사도행전'에서 발견할 수 있다. 사도행전πράξεις ἀποστόλων*은 그 제목에서도 알 수 있듯이 '사도라고 불리는 사람들의 이야기'이다. 그리고 그 안에는 사도들이 어떤 사람이었고 어떻게 사도가 되었는지, 왜 그렇게 불렸는지, 누구와 함께 살고 누구를 만났는지, 예수님을 어떻게 따르고 증언하고 닮아 갔는지가 담겨 있다.

또한 사도행전은 우리가 이정표로 삼을 수 있는 이야기이다. 우리 삶의 여정에서 후회와 절망, 실패와 좌절 등을 맞닥뜨렸을 때 사도들의 이야기에 귀 기울여 보자. 다시 한 발짝 내디딜 신앙과 용기를 그들이 어디에서 얻었는지 우리에게 일러 줄 것이다.

---

* 프락세이스πράξεις는 '실행, 행적, 역사'라는 뜻이며, 아포스톨론 ἀποστόλων은 '사도들의'라는 뜻이다.

예수님을 더 사랑하기 위해, 그리고 지금의 나와 세상을 더 사랑하기 위해, 사도들의 여정을 따라 함께 걸어갔으면 한다.

가톨릭목포성지에서
최종훈 토마스

차례

머리말   5

I. 길을 걷기 위한 준비

1. 루카복음서와 사도행전   18
하나의 주제, 두 개의 작품 / 루카가 전하는 '우리 이야기'

2. 루카의 마음을 읽는 방법   25
루카의 스토리텔링 파악하기 / 상징과 복선 찾아보기

3. 사도행전의 청사진   32
등장인물을 중심으로 / 베드로와 바오로 / 진짜 주인공, 성령 /
공간적 배경을 중심으로 / 땅 끝에 이르기까지

II. 성령과 함께하는 새로운 삶

1. 성령강림 이야기　　　　　　　　　　　　48
오순절이 되었을 때 / 불꽃 모양의 혀들이 나타나

2. 새로운 하느님 백성의 탄생　　　　　　　　54
하늘과 땅의 만남 / 우리 안에 세워진 성전 /
하느님과의 직접적인 만남 / 모든 민족이 하나 됨

3. 성령과 함께 살아가는 우리　　　　　　　　64
'익숙함' 속에 '낯섦'을 주시는 성령 / 새로이 깨닫게 하시는 성령 /
경이로움으로 초대하시는 성령 / 악에서 보호하시는 성령

4. 하느님의 새로운 공동체　　　　　　　　　76
개인과 공동체 / 도대체 어찌 된 영문인가? / 우리는 어떻게
해야 합니까? / 회개하십시오 / 예수 그리스도의 이름으로
세례를 받아 / 성령을 선물로 받을 것입니다

III. 믿음의 공동체, 교회의 삶

1. 가르침, 선포와 증언 94
무엇을 가르치고 선포하였는가? / 어떻게 가르치고 선포하였는가?

2. 친교 104
어떻게 한마음 한뜻을 이루는가? / 왜 친교를 이루지 못하는가?

3. 나눔과 봉사 112
배급으로서의 봉사 / 직무로서의 봉사

4. 기념과 기억을 위한 전례
빵을 떼어 나눔, 기념과 기억의 행위 / 기도는 기억으로부터 119

IV. 박해와 순교, 그리스도를 믿는 삶

1. 그리스도를 따라 걷는 십자가의 길   126
박해의 시작 / 박해받는 바오로의 선교 /
그리스도가 걸은 고난의 길

2. 그리스도를 닮은 죽음의 길   135
박해자? 순교자? / 그리스도의 죽음과 스테파노의 순교 /
순교에서 피어나는 부활의 삶

3. 그리스도인의 고통   144
박해로 얻은 선교의 기회 / 고통에 담긴 하느님의 뜻

V. 회개, 새로운 길을 찾아 나서는 삶

1. 누군가를 죽이러 가던 길　　　　　　　　　　155
박해자로 살아오며 / 스테파노의 설교와 인생의 갈림길 /
변화의 기억 / 죽음의 체험

2. 죽음의 길에서 만난 새로운 길　　　　　　　170
율법 준수에서, 자유와 사랑으로 / 십자가, 모든 가치의 전환 /
빛으로 오신 예수 그리스도

3. 삶의 방향을 바꾸는 길　　　　　　　　　　181
외딴길을 걷던 에티오피아 내시 / 외로움의 길에서 기쁨의 길로

4. 계속 걸어가야 하는 길　　　　　　　　　　188
베드로의 회개와 공동체의 전환 / 몸에 밴 습관에서 벗어나기 /
성령으로 변화하고 변화시키기

VI. 세상을 향하여, 증언의 삶

1. 바오로 사도의 열정   203
마르지 않는 샘 / 바오로의 선교 전략

2. 예수님을 닮은 바오로의 여정   215
먼저 찾아가는 순례 / 동행의 순례 / 친교의 순례

I

길을 걷기 위한 준비

1. 루카복음서와 사도행전

하나의 주제, 두 개의 작품

연속극을 보거나 소설을 읽을 때는 처음부터 차근차근 훑어야 줄거리와 주제를 잘 파악할 수 있다. 전편의 내용을 알아야 속편도 이해하듯, 사도행전을 잘 파악하기 위해서는 전편인 루카복음서에 대한 이해가 필요하다. 두 작품이 어떻게 연결되며, 어떤 주제와 목적을 공유하는지 살펴보아야 한다. 또 많은 글에서 첫 문장에는 작품 전체를 아우르려는 작가의 의도가 함축되어 있다. 사도행전 역시 첫 문장을 보면 사도행전이 어떤 책인지, 어떤 주제와 메시지를 전달하는지, 또 누구에게 어떤 목적으로 쓰였는지 엿볼 수 있다. **머리말**(1,1-5)을 살펴보자.

> 테오필로스 님, 첫 번째 책에서 저는 예수님의 행적과 가르침을 처음부터 다 다루었습니다. 예수님께서 당신이 뽑으신 사도들에게 성령을 통하여 분부를 내리시고 나서 승천하신 날까지의 일을 다 다루었습니다(1,1-2).

루카는 사도행전을 읽는 사람을 "**테오필로스**"(1,1ㄱ)라고 정확하게 밝히고 있다. 어쩌면 그 당시의 문화에서는 당연한 일이었을 것이다. 글을 쓰고 책을 만드는 데에는 많은 비용과 노력이 필요했기 때문에* 반드시 후원자가 있어야 했다. 그리하여 테오필로스는 루카가 예수님의 이야기를 책으로 만들려고 할 때 많은 도움을 주었던 사람일 수도 있다. '테오필로스Θεόφιλος'라는 이름은 '하느님'이라는

---

* 신약시대에 필기 재료의 가격은 매우 비쌌다. 이집트산 식물로 만든 파피루스는 비교적 가격이 저렴했으나 파손되기 쉬웠다. 양피지는 가공된 양가죽이나 염소 가죽으로 만든 것으로 훨씬 비쌌다. 이런 필기 재료 위에, 갈대를 깎거나 다듬어 만든 펜으로 글씨를 썼다. 먹은 숯 검정이나 등잔의 그을음과 풀을 섞어 만든 딱딱한 반죽 형태로 저장했으며, 사용할 때는 물에 녹여 썼다. 도자기로 만든 서기관의 원통형 먹통이 쿰란과 페드라와 케이베에서 출토되었다. 사람들은 1분에 서너 자를 쓸 정도로 천천히 글을 썼는데, 마르코복음서 길이의 텍스트를 쓰려면 매일 24시간씩 계속 일해서 일주일 남짓 소요되었을 것이다(자크 브리앙·미셀 케넬, 《성서시대의 일상생활》, 안영주 옮김, 성서와함께, 2020, 168-169쪽).

단어 테오스θεός와 '사랑하다'라는 단어 필레오φίλεω의 합성어이기도 하다. 따라서 루카가 지칭하는 테오필로스는 후원자 한 사람을 의미할 수도 있지만, **'하느님을 사랑하는 사람'**이라는 일반적인 의미를 지닐 수도 있다. 곧 루카 복음사가가 사도행전에서 들려주는 이야기는 어느 특정한 사람이 아닌, 하느님을 사랑하고 예수님의 말씀을 따라 살아가려는 그리스도인 모두를 위한 것이다.

루카는 사도행전을 두 번째 이야기라고 언급한다. "첫 번째 책", 곧 예수님의 행적과 가르침을 처음부터 다 다룬 책(1,1), 예수님께서 당신이 뽑으신 사도들에게 성령을 통하여 분부를 내리시고 나서 승천하신 날까지의 일을 빠짐없이 담은 책(1,2), 예수님께서 수난을 받으신 뒤 당신이 살아 계신 분이심을 여러 가지 증거로 사도들에게 드러내셨던 이야기를 전하는 책(1,3ㄱ), 예수님께서 부활 이후 사십 일 동안 사도들에게 여러 번 나타나셨던 사건을 기록한 책(1,3ㄴ), 그때마다 하신 하느님 나라에 관한 말씀을 기록한 책(1,3ㄷ)을 자신이 이미 집필했다는 것이다. 바로 **'루카가 전하는 복음서'**이다. 루카는 복음서에 이어서 후속편으로 "두 번째 책", 사도행전을 쓰고 있다. 루카복음서와 사도행전은 서로 다른 두 개의 이야기가 아니라, 하나의 주제 아래 이어지는 이야기인 셈이다.

루카복음서에서도 다음에 이어질 이야기인 사도행전을 요약하고 있다. 바로 예수님께서 승천하시기 전, 마지막으로 제자들에게 하시는 말씀을 통해서이다(루카 24,46-49).

> **예루살렘에서부터 시작하여, 죄의 용서를 위한 회개가 그의 이름으로 모든 민족들에게 선포되어야 한다. 너희는 이 일의 증인이다**(루카 24,47-48).

복음서의 마지막 말씀은 사도행전의 머리말(1,4-5)에서 그대로 반복된다. 우리는 여기에서 사도행전이라는 작품의 범위와 주제를 짐작할 수 있다. 사도행전은 사도들이 예루살렘에 머물러 있는 가운데, 하느님 아버지께서 약속하신 분인 성령께서 오시면 시작되는 이야기라는 것이다. 그리고 모든 민족에게 예수님의 삶과 말씀을 전하는 사람들의 이야기가 사도행전의 주제임을 말해 준다. 앞서 말했듯이, 사도행전을 이해하기 위해서는 반드시 전편인 루카복음서에 대한 이해가 선행되어야 한다.

루카가 전하는 '우리 이야기'

그러면 루카가 복음서와 사도행전을 통해 전하려는 바는 무엇일까? 여기서 루카복음서 전체를 보기는 어렵지만, 루카 복음사가가 두 작품의 밑그림을 그리는 부분은 간단하게라도 살펴볼 필요가 있다. 그 밑그림은 복음서의 머리말(루카 1,1-4)에 잘 나타나 있다. 그중에서도 루카가 작품을 집필한 이유와 의도를 표현하는 첫 구절에 집중해 보자.

루카는 복음서와 사도행전을 통해서 **"우리 가운데에서 이루어진 일들에 관한 이야기"**(루카 1,1)를 하고 싶어 한다. 일차적으로 루카는 그들과 함께 살았던 예수님의 이야기, 곧 그분의 말씀과 행적 그리고 그분이 삶을 통해서 보여 주신 사랑에 대해서 말한다. 그리고 이를 바탕으로 예수님과 함께 지냈던 사람들의 이야기, 그분을 사랑하고 그분을 증언하고 그분의 삶을 따라 살았던 사도들의 이야기를 하려고 한다.

보통 '이야기'로 번역되는 디에게시스διήγησις라는 단어는 단순히 글로 쓰인 이야기라기보다는, 이를 공연하고 액션/동작으로 만들어 낼 목적으로 구성한 '시나리오'에 더 가깝다. 루카는 자신의 글의 목적이 단지 읽히기 위함만은 아님을 드러낸다. 그는 자신의 글을 읽고, 그 이야기를 통해 각자가 삶이라는 공연장에서 예수님을 만나고, 따르고, 그분을 사랑하는 사도로서 살기를 권한다.

루카의 이야기는 그의 권고에 공감하고, 자신의 삶을 묵상하여 그 내용을 다른 사람에게도 들려주라는 주제를 담고 있다. **루카의 목적은 '우리가 사는 이야기'를 하는 데 있다.** 우리의 삶에서 예수님을 만났던 이야기, 그분으로 인해 변화된 이야기, 예수님을 따르고 증언하고 그분의 사도로서 살아가는 이야기를 하는 것이다.

우리는 매일 이야기 속에서 살아간다. 일과를 마치고 집으로 돌아와 오늘 있었던 일을 가족들과 나누고, 오랜만에 친구를 만나 그간 겪은 일을 서로 주고받는다. 잠들기 전에 하루를 되돌아보며 일기를 쓰거나 성찰한 내용을 하나의 이야기로 만들어 고해소에서 고백하기도 한다. 드라마나 영화, 소설을 통해 웃고 울고 분노하고 아파하면서 그 위에 자기만의 이야기를 덧붙이기도 한다.

이야기의 범위는 단순한 '공감의 영역'을 넘어선다. 사건을 보도하는 뉴스를 보면서도 우리는 이야기를 만든다. 자신의 경험과 삶의 모습에 따라 일의 옳고 그름을 판단하고, 순응과 저항을 결정한다. 사실에 기반한 그 정보를 통해 자신의 의도와 판단으로 '지금'을 어떻게 살아갈지 방향 짓는 것이다.

우리는 먼저 루카가 들려주는 이야기인 루카복음서와 사도행전에 공감해야 한다. 그래야만 우리의 이야기를 만들어 갈 수 있다.

2. 루카의 마음을 읽는 방법

루카의 스토리텔링 파악하기

"아침에 일어나 밥을 먹고, 직장에 나가 일을 하고, 집에 돌아와 잠을 잔다." 사건을 일어난 순서대로 나열한다고 해서 이야기가 되지는 않는다. 좋은 재료를 한데 모아 그릇에 담았다고 해서 맛있는 음식이 만들어지지 않는 것과 같다. 신선하고 알맞은 재료를 적당한 비율과 조합으로 조리하고, 간을 맞추어서 보기 좋게 그릇에 담아야 맛있는 음식을 요리했다고 할 수 있다. 이야기도 마찬가지다. '누가, 언제, 어디서, 무엇을, 어떻게'라는 재료를 펼쳐 놓은 것만으로는 이야기를 한다고 할 수 없다.

이야기는 화자가 자신이 생각하는 메시지와 주제에 알맞게, 사건을 각색하고 재구성하여 '새로운 세상'을 만드는 것이다. 따라서 똑같은 소재를 가지고도 화자가 누구인지, 또 화자가 전하려는 메시지가 무엇인지에 따라서 이야기의 전개 방식은 완전히 달라진다. 그래서 이야기를 만드는 일은 목도리를 짤지, 아니면 장갑을 짤지에 따라 처음부터 씨실과 날실을 엮는 방법이 달라지는 뜨개질과도 닮았다. 화자는 어떻게 이야기를 구성하고, 어느 사건을 시작으로 어떤 반전을 일으키며, 어떻게 절정으로 치달려서 어떤 결론을 내릴지 전체적인 구성을 짜임새 있게 만들어야 한다. 이것이 바로 **스토리텔링storytelling**이다.

이야기를 듣거나 읽는 청자는 스토리텔링의 과정을 거슬러 올라가 보아야 한다. 화자가 전하려는 주제를 알려면 사건의 개연성을 파악하는 것이 좋다. 어떤 사건이 벌어졌을 때 그 원인을 찾거나, 앞뒤 상황을 따져 인과 관계를 밝히다 보면 화자가 전하려는 메시지를 알아챌 수 있다.

예를 들어 스테파노의 순교 사건(6,8-8,1)을 살펴보자. 이 사건의 메시지를 단순하게 생각하면 '유다인에 의해서 예수님을 믿는 사람들이 박해를 받았다'는 것으로, 그 원인이 되는 사건으로는 '일곱 봉사자 중 하나로 스테파노가 뽑힌 이야기'(6,1-7)를 들 수 있다. 곧 그리스도인들의 모임인 교회 안에서 큰 역할을 담당하는 봉사자가 유다인들에 의해서 첫 순교를 당하였다는 사실을 전하는 것이다. 따라서 스테파노의 순교는 예루살렘 지역에서 큰 박해가 시작되는 원인적 사건이 되고, 그리스도인들이 유다와 사마리아 지방으로 흩어져 나가는 결과를 만들어 낸다.

하지만 화자의 메시지를 좀 더 깊이 생각해 보자. 스테파노의 순교는 예수님의 십자가상 죽음과 비슷한 패턴으로 이루어진다. 스테파노 역시 유다인에 의해 거짓으로 고발되고 체포되어, 최고 의회 앞에서 신문을 받고 죽음을 맞이한다. 또 죽음의 장면에서도 자신을 죽이려는 사람들을 위해서 하느님께 기도하고, 큰 소리를 지르며 숨을 거둠으로써 스테파노의 죽음과 예수님의 죽음은 서로 연결된다. 이처럼 스테파노 순교의 원인적 사건을 예수님의 죽음으로 바라본다면, 화자의 메시지는 새로운 차원을 품게 된다. 곧 루카는 첫 순교자의 모습을 통해, '하느님에 대한 신뢰와 믿음으로 스스로 죽음을 맞이하는 이들은, 그것이 끝이 아닌 새로운 생명으로 나아가는 부활을 맞이한다'라는 메시지를 전한다. 그래서 스테파노의 순교 사건은 예수님의 파스카 죽음의 결과적 사건인 동시에, 우리 또한 하느님을 위해 일상의 '죽음'을 감당하고 인내한다면 부활할 것이라는 메시지를 전하게 된다. 그래서 스테파노의 순교는 우리에게 순교의 원인적 사건으로 의미를 가지게 된다.

상징과 복선 찾아보기

이야기할 때 화자는 나중에 일어날 일들을 미리 암시하기도 하고, 어떤 상징적 의미를 이야기 속에 포함시켜서 사람들이 그 의미를 계속해서 생각하게 만들기도 한다. 예를 들어 등장인물 간의 관계를 이어 주는 신체적 특징, 곧 흉터나 점 등을 통해 결정적인 반전을 이끌거나 이야기의 전개를 구성하듯 말이다. 루카의 두 번째 이야기 속에도 특별한 **상징과 복선**들이 있다.

> 성령께서 너희에게 내리시면 너희는 힘을 받아, 예루살렘과 온 유다와 사마리아, 그리고 땅 끝에 이르기까지 나의 증인이 될 것이다(1,8).

1,7-8은 사도행전 전체를 요약하는 구절로 예수님께서 승천하시기 전에 마지막으로 제자들에게 당부하신 말씀이다. 그 뒤 성령강림(2,1-13)이 이루어지고, 베드로를 중심으로 예루살렘에서의 선교 활동(2,14-8,3)이 이어진다. 유다인들의 박해로 그리스도인들은 유다와 사마리아 지방으로 흩어지지만(8,1), 유다와 사마리아에서의 선교(8,4-40; 9,32-10,43)를 통해 유다인뿐만 아니라 다른 민족들에게도 복음이 선포된다(10,44-48). 그러고 나서 바오로 사도를 중심으로 지중해 주변의 넓은 지역에 복음 선포가 이루어진다(11,19-28,31). 이렇게 사도행전의 이야기, 곧 예수님의 증인인 사도들의 모든 행동과 사건 등 그들이 걸어갔던 역사의 모든 발걸음은 자신의 의도가 아닌 예수님의 명령과 의도임을 루카는 전한다. 사도 1,7-8에서 하신 마지막 유언과도 같은 예수님의 말씀을 통해서 루카는 이야기의 방향을 가르는 복선을 깔고 있다.

또한 루카는 첫 번째 이야기인 복음서에서부터 '길(호도스ὁδός)'을 상징적으로 사용한다. 길은 머물러 있을 수 없는 곳이다. 언제나 한 발짝씩 목적지를 향해 끊임없이 나아가야 하는 장소이다. 또한 길은 계속해서 선택과 결정이 이루어지는 곳이다. 갈림길 앞에서는 한쪽 길을 선택해야 하고, 잘못된 길로 들어섰다면 빨리 되돌아가야 한다. 그리고 많은 사람이 사용하는 곳이기에 모두가 준수해야 할 법이 존재하고, 그 규칙과 약속이 제대로 지켜질 때 그 본연의 기능을 제대로 수행할 수 있다. 루카는 길이 상징하는 바를 통해 우리가 가야 할 신앙과 믿음의 여정을 설명한다. 안주하고 머물러 있을 것이 아니라 계속해서 나아가야 하는 여정 속에서, 루카는 세상의 가치와 예수님의 가치라는 갈림길에 선 우리에게 끊임없는 선택을 요구한다. 설령 어떤 선택이 잘못되었다 하더라도, 다시 돌아올 수 있는 가능성(회개)이 길이라는 상징성에 포함되어 있다.

'길'이라는 단어가 가장 많이 등장하는 사울의 회심 사건(9,1-19)은 '길'의 상징성을 가장 잘 표현한다. 다마스쿠스로 가는 길(9,3)은 사울이 예수님의 제자들을 붙잡아 결박하여 예루살렘으로 끌고 오겠다고(9,2), 누군가를 죽이려고 살기를 내뿜던(9,1) 곳이다. 하지만 "새로운 길"(9,2)을 따르는 이들은 예수님을 믿고 따르는 길을 선택했다. 그 죽음의 길 위에서 사울은 예수님을 만나고 땅에 엎어진다(9,4). 그러나 사울은 그 길 위에 머물러 있지 않고, "일어나"(9,6.8.11) 다시 걷는다. 잘못 선택한 길을 버리고 새로운 길을 찾아 나서는, 곧 회개함으로써 다시 태어나는 삶이 '길'이라는 상징으로 잘 표현된 사건이다.

지금까지 살펴본 바와 같이, 이야기 속에서 화자의 메시지를 잘 발견하기 위해서는 거기에 담긴 상징과 비유를 제대로 이해해야 한다. 그래야 그 이야기에 공감할 수 있고, 그 안에서 나의 이야기를 발견할 수 있다.

3. 사도행전의 청사진

앞서 살펴본 것처럼 이야기를 만들어 가는 스토리텔링 과정은 단순하지 않다. 하지만 이야기의 세 가지 요소인 '인물', '사건', '배경'에 따라 사도행전이라는 이야기가 어떤 인물들을 중심으로 어떻게 구성되며, 어떤 메시지를 담고 있는지 알 수 있다. 그러면 **등장인물과 배경, 특히 장소를 통해 사도행전의 전체적인 구성**을 알아보자.

등장인물을 중심으로

어떤 사람들은 이야기의 구조와 구성을 우산살에 비유하기도 한다. 우산살은 우산을 지탱하고 모양을 잡아 주어, 우산이 힘을 받아 제대로 펼쳐져서 제 기능을 하게 한다.

하지만 사람들이 우산을 고르는 기준은 우산살보다 그것을 덮은 우산천이다.* 마찬가지로 등장인물은 이야기에 옷을 입히고 모양새와 색깔을 부여하는 데 가장 중요한 가시적 역할을 한다. 등장인물들은 출연 빈도에 따라 주역과 조역, 단역**으로 분류하는데, 사도행전에서는 그 구분이 모호하기 때문에 신중을 기해야 한다.

사도행전은 '사도'라 불리는 사람들의 행적을 적어 놓은 책이므로, 당연히 이야기의 주인공은 '사도들'이다. 그중에서도 특히 베드로와 바오로의 행적이 주도적으로 드러난다. 그래서 사도행전의 전반부는 베드로가 중심이라 하여 '베드로 행전', 후반부는 바오로가 중심이라 하여 '바오로 행전'이라고 부르기도 한다.

---

* 다니엘 마르그라·이방 부르캥, 《성경 읽는 재미 – 설화분석 입문》, 염철호·박병규 옮김, 바오로딸, 2014, 143쪽 참조.
** 등장인물: 구성에서 어떤 역할을 수행하는 개인적·집합적 인물.
  주인공(주역): 구성의 전개에서 중요한 역할을 수행하는 단순하거나 복합적인 인물.
  보조 행위자(조역): 이야기 전개 안에서 미약한 (또는 단일한) 역할을 담당하는 단순한 인물.
  단역: 이야기에서 수동적이거나 또는 거의 수동적인 역할(배경막)을 하는 단순 등장인물(같은 책, 148쪽).

'사도'를 중심으로		
	베드로 행전(2-12장)	바오로 행전(13-28장)
성령	2,1-4	13,1-3
설교	2,14-36	13,16-41
기적	3,1-10	14,8-10
설교	3,12-26	14,15-17
박해	6,8-8,3	14,19-23
환시	10,9-33	16,6-10; 27,13-38
투옥	12,1-19	16,16-40; 21,27 이하

일정한 패턴의 사건이 두 사도에게 반복된다. 성령의 강림으로 시작하여 예수님을 증언하고, 기적을 통해 자신의 행동과 삶으로 그 증언의 표징을 보여 준다. 중요한 것은 그 증언의 삶 속에는 반드시 박해와 투옥이 포함되어 있다는 사실이다. 루카는 전반부와 후반부의 이야기에서 비슷한 패턴의 사건들을 나열하면서, 사도의 삶이 어떠해야 하는지를 구성적으로 보여 준다.

 이는 오늘날 사도로서의 삶을 살아가야 하는 우리에게도 이 패턴이 반복됨을 암시한다. 예수님을 증언하고 그분의 삶을 선포해야 하는 우리의 삶 또한 이들의 모습과 별반 다르지 않음을, 성령을 통해 새롭게 변화하여 사도로서의 사명에 충실하려 할 때, 누군가의 반대에 부딪히거나 내려놓고 포기해야 하는 고통과 아픔이 뒤따름을 이야기한다. 루카는 자신의 이야기를 구성하면서 독자들에게 끊임없이 묻는다. 당신은 지금 사도로서의 삶을 묵묵히 살아가고 있는가? 아니면 그 박해와 갇힘을 견딜 수 없어 그 삶을 포기하고 있는가?

베드로와 바오로

사도행전의 두 주인공을 좀 더 살펴보자. 베드로와 바오로는 둘 다 '사도ἀπόστολος'라 불리거나, 스스로를 '사도'라고 지칭한다. 하지만 두 사람에게는 공통점보다 차이점이 더 많다. 베드로는 예수님의 제자로서 예수님께서 공생활을 시작하시면서 직접 뽑아 세우신 인물이다(마르 1,16-20). 3년이라는 시간을 예수님과 함께했고, 그분의 죽음과 부활을 목격한 인물이다. 하지만 바오로는 바리사이로 예수님을 믿고 따르는 사람들을 박해하고 죽이는 일에 동참했던 인물이다(사도 9,1-2). 제자들처럼 예수님의 삶을 직접 체험하지 못했고, 부활하신 예수님만을 만났을 뿐이다(9,3-9).

제자로서 예수님을 따랐던 베드로도 처음부터 파견되어 증언의 삶을 살았다고 말할 수는 없다. 제자가 아니었던 바오로 또한 처음부터 사도의 삶을 살지는 않았다.* 루카복음서의 마지막 부분을 보면, 예수님께서는 승천하시기 전 제자들을 당신의 삶과 죽음과 부활의 증인으로 천명하시고, 그 모든 일을 선포하는 사도의 직무를 명령하신다(루카 24,46-48). 하지만 사도행전의 앞부분을 보면, 그들은 밖으로 나가 예수님을 선포하기보다 예루살렘 성안에서 자신들이 묵고 있는 위층 방에 모여 기도하는 일에 전념하고 있다(1,12-14 참조). 왜일까? 아마도 유다인이 두려웠기 때문이었을 것이다. 예수님의 시신은 없어졌고 예수님이 부활했다는 소문이 나돌았을 당시의 상황 속에서, 유다의 지도자들은 예수님께서 부활하셨다는 소문의 원인 제공자로 제자들을 지목했을 것이고, 그

---

* 제자(마테테스μαθητής)는 '스승과 함께 살아가면서 삶 전체를 배우고 익히는 자'를 가리킨다. 그리고 사도(아포스톨로스ἀπόστολος)는 '파견된 자, 누구로부터 보내진 자'를 의미하는 단어이다.

들을 붙잡으려고 혈안이 되었을 것이다. 제자들은 그 두려움 때문에 예수님을 증언하는 사도로서 살아가려는 엄두가 나지 않았던 것은 아닐까? 하지만 그들은 그 다락방에서 성령강림(2,1-13)을 겪은 뒤로 180도 변화한다. 특히 베드로는 "목소리를 높여"(2,14) 예수님을 증언하기 시작한다.

바오로 또한 부활하신 예수님을 체험하고 나서 곧바로 변화하지 않았다. 땅에 엎어져 앞을 볼 수 없었던 바오로(9,8-9)는 다마스쿠스에 있는 하나니아스라는 제자에게 세례를 받는다(9,17-19). 이때 하나니아스는 사울에게 안수하면서 말한다. "사울 형제, 당신이 다시 보고 성령으로 충만해지도록 주님께서, 곧 당신이 이리 오는 길에 나타나신 예수님께서 나를 보내셨습니다"(9,17ㄴ). 그러고 나서 사울, 곧 바오로는 다마스쿠스의 여러 회당에서 "예수님은 하느님의 아드님이시라고 선포"하기 시작한다(9,20). 이처럼 예수님을 따르는 이들을 박해했던 사울이 예수님을 증언하는 사도로 변모한 시점 또한 성령을 충만히 받은 이후였다.

진짜 주인공, 성령

'사도는 어떤 사람인가?' 이 질문은 **'성령을 충만히 받았는가? 그래서 옛 삶을 버리고 새로운 삶으로 변화했는가?'** 라는 질문에 사도가 얼마나 충실한 사람인지 되묻는 것과 같다. 사실 사도행전의 주인공은 베드로도 아니고 사울이라는 바오로도 아닌, 바로 예수님께서 보내 주시기로 약속한 성령이시다.* 성령께서 우리에게 오셔서 우리의 삶을 변화시켜 주시고 우리를 증언의 삶으로, 사도의 삶으로 이끌어 주신다. 그래서 사도행전에서는 중요한 순간마다 성령께서 사람들 안에서 활동하고 계심을 계속해서 말한다. 성령을 중심으로 단락을 구분하면 다음 표와 같다.

---

* 구약성경과 신약성경의 주인공을 생각해 보자. 구약성경은 성부 하느님께서 이스라엘 역사 안에 개입하시어 인간을 얼마나 사랑하셨는지를 보여 주는 이야기이다. 신약성경의 복음서는 성자 예수님의 생애를 이야기하며, 사도행전과 서간, 묵시록은 성령께서 인간의 역사를 이끌어 가시는 이야기를 담고 있다. 따라서 성경 73권에 나오는 모든 에피소드의 주인공은 바로 '삼위일체 하느님'이시다.

'성령'을 중심으로	
오순절의 성령강림	2,1-4
공동체 생활의 시작	4,31
유다와 사마리아 지역의 선교	8,17
다른 민족에게 내린 성령	10,44-48
바오로에게 말씀하신 성령	13,2.4.9.52; 16,6; 20,22.28

사도로서 오늘을 살아가는 우리도 각자의 삶의 자리에서 반드시 성령의 자취를 발견해야 한다. 증언과 증거의 삶은 우리가 아니라, 궁극적으로 우리 안에서 활동하시는 성령을 통해 이루어진다는 사실을 깨달아야 한다. 성령의 도움 없이는 우리는 아무것도 할 수 없는 존재임을 알아야 한다. 그리스도의 사도로서의 삶은 매 순간 우리와 함께하는 성령의 현존을 깨닫고 감사하는 일에서 출발한다. 그래서 '일을 시작하며 바치는 기도'의 첫마디는 "오소서, 성령님! 저희 마음을 성령으로 가득 채우시어 저희 안에 사랑의 불이 타오르게 하소서!"이다. 사도들은 예수님에 대해서 증언할 때도, 기적을 일으킬 때도, 길을 찾아 헤맬 때도, 두려움과 박해의 순간에도 언제나 성령께서 함께해 주

셨음을 느끼고 그 명령을 따른다. 이렇게 모든 일에 성령께서 함께하심을 느끼는 것이 바로 사도가 되는 조건이다.

.... **공간적 배경을 중심으로**

이번에는 공간적 배경을 중심으로 사도행전을 들여다보자. 예수님께서 승천하시기 전 제자들에게 하신 당부의 말씀(1,8)은 사도들의 활동이 앞으로 어떻게 펼쳐질지를 말해 준다. 루카는 사도행전을 이끌어 가는 기본 구성을 공간적 배경에 따라 전개한다.

'복음 선포의 여정'을 중심으로	
새로운 시대의 시작	1장
예루살렘 선교	2-7장
유다와 사마리아 선교	8-12장
이방 지역 선교	12-26장
로마로 향한 여정과 선교	27-28장

루카의 작품 안에서 '예루살렘'은 모든 길이 하나로 모이는 세상의 중심이다. 하느님을 만나고 그분의 현존을 체험할 수 있는 '성전'이 있는 곳이며, 유다인에게 정치·사회·문화·신앙의 중심지이기도 하다. 또한 루카의 첫 이야기인 복음서에서 예루살렘은 예수님의 수난과 죽음, 부활과 승천으로 이어진 구원 역사가 이루어진 곳이다. 루카는 예루살렘이라는 장소를 통해 예수님과 사도들의 연속성을 드러낸다. 더 나아가 구약성경에 나타난 하느님 백성으로서의 이스라엘과 예수님을 믿고 따르는 새로운 하느님의 백성으로서의 교회를 연결한다.

그 중심지 예루살렘에서 이제 새로운 역사가 시작된다. 지리적으로 보면 예루살렘에서부터 주변 지역인 유다를 거쳐 사마리아 지역으로 하느님의 복음이 사도들에 의해서 선포되어 나간다. 그리고 바오로 사도를 통해 소아시아(지금의 튀르키예 지역)를 거쳐 마케도니아, 아카이아, 그리스까지 복음이 전파되고, 마지막으로는 체포된 바오로가 로마로 이송되고 그곳에서 복음을 전하면서 사도행전의 이야기는 끝난다.

땅 끝에 이르기까지

예수님은 분명 "'땅 끝에 이르기까지' 나의 증인이 되어라" 하고 명령하셨으나 바오로의 선교 이야기가 끝나는 장소는 '로마'다. 로마 제국을 그 당시 세상의 중심이라고 여길 수는 있지만, 세상의 끝이라고 할 수는 없다. 바오로 자신도 로마서에서 "에스파냐로 갈 때 지나는 길에 여러분을 보고, 먼저 얼마 동안 여러분과 기쁨을 나누고 나서 여러분의 도움을 받아 그곳으로 가게 되기를 바랍니다"(로마 15,24)라고 언급하면서 로마가 땅 끝이 아님을 이야기한다.

그럼 땅 끝은 어디인가? 사도행전이 집필될 당시의 세계관에서는 '에티오피아'라 생각할 수도 있다(사도 8,26-39 참조). 칠십인역에서 '땅 끝'이라는 단어는 어느 특정한 장소를 지칭하는 것만이 아니라, 보편적 장소인 '어디나'를 의미하기도 한다. 루카 복음사가는 '땅 끝'이라는 단어를 통해 오늘을 살아가는 우리의 모습을 발견하게 한다. 땅 끝을 실재하는 지역으로 특정하려 한다면, 아마 찾을 수 없을 것이다. 왜냐하면 땅 끝이란 지금 내가 서 있는 자리일 것이기 때문이다.

다시 말해, 루카는 예수님의 명령을 통해 우리 역시

사도로서 살기를 강조하고 있다. 우리가 사도로서, 예수님의 증인으로서 각자 삶의 자리에서 살아간다면, 그곳이 바로 땅 끝이고 그 이야기가 바로 사도행전인 것이다. 사도행전이 영원히 끝나지 않는 이야기로 지속되어야 하는 의미가 여기에 있다. 오늘 우리의 이야기는 바로 땅 끝에서 전하는 예수님의 증인으로서의 이야기가 되어야 한다. 그것이 바로 루카 복음사가가 바라는 사도행전의 결말이다.

II

성령과 함께하는 새로운 삶

새로움의 시작

일을 시작하며 바치는 기도

오소서, 성령님.
저희 마음을 성령으로 가득 채우시어
저희 안에 사랑의 불이 타오르게 하소서.
주님의 성령을 보내소서. 저희가 새로워지리이다.
또한 온 누리가 새롭게 되리이다.

기도합시다.
하느님, 성령의 빛으로 저희 마음을 이끄시어
바르게 생각하고
언제나 성령의 위로를 받아 누리게 하소서.
우리 주 그리스도를 통하여 비나이다.
아멘.

새로운 일의 시작에는 항상 어려움이 따른다. 해 보지 않은 일에 대한 낯섦, 자신에게 닥칠 어려움이나 고난에 대한 두려움, 그리고 실패와 좌절에 대한 걱정 때문에 아무것도 하지 못할 때도 있다. 그래서 우리는 성령의 도움을 청하는 기도를 한다. 이 일을 시작하려는 우리가 열정을 잃지 않고 끊임없이 도전하며 새로운 길을 걸어갈 수 있도록 성령께 의탁하며 도움을 청한다.

루카 복음사가도 새로움을 맞이하기 위해 반드시 성령의 도움이 필요하다고 말한다. 그래서 루카는 자신의 두 작품에서 새로운 시대를 여는 첫 이야기를 '성령'으로 장식한다. 구약시대를 마치고 예수님 시대의 시작을 알리는 복음서의 첫 부분, 세례자 요한의 탄생 이야기(루카 1,15.66.67)와 예수님의 탄생 이야기(1,28-35.41-42; 2,9), 예수님의 유년 시절 이야기(2,25-27.40)와 세례자 요한의 광야에서의 설교 이야기(3,16), 그리고 예수님의 세례(3,22)와 유혹 이야기(4,1-2)에는 성령의 활동이 집중적으로 표현되어 있다. 두 번째 작품인 사도행전에서도 사도로서 제자들의 활동은 '성령강림'(사도 2,1-13)으로 시작한다.

1. 성령강림 이야기

제자들은 예수님을 만나, 그분의 삶을 직접 체험하며 그분의 증인으로 살기 시작했는데, 이는 우리와 크게 다르지 않다. 사도라고 불리게 될 그들은 예수님과 함께 예루살렘에 입성(루카 19,28)한 이후 최후의 만찬을 했던 '큰 이층 방'(루카 22,7-13)에서 움직이지 않았다(사도 1,13: "성안에 들어간 그들은 자기들이 묵고 있던 위층 방으로 올라갔다"). 그들은 예수님의 마지막 명령처럼 '예루살렘을 떠나지 않고 아버지께서 약속하신 분, 성령을 기다리고'(1,4; 루카 24,49 참조) 있었던 것인가? 아니면 예수님을 따랐다는 이유로 유다인에게 붙잡혀 처형당할 것이 두려워 숨어 있었던 것인가? 그 머뭇거림 안에서 루카 복음사가는 '성령강림'이라는 확신을 이야기하고 있다. 또한 구약시대의 여러 가지 사건을 상기시키면서 새로운 시대의 교회의 밑그림을 보여 준다. 그 속에서 루카가 전하려는 이야기를 찾아내기 위해 '성령강림 사건'(2,1-13)부터 육하원칙에 따라 정리해 보자.

누가	그들은(2,1ㄴ) ◆ 참조: 그 자리에는 **백스무 명가량 되는 무리가** 모여 있었다(1,15ㄴ)
언제	오순절이 되었을 때(2,1ㄱ)
어디서	그들은 **모두 한자리**에 모여 있었다(2,1ㄴ) 그들이 앉아 있는 **온 집 안**을 가득 채웠다(2,2ㄴ) ◆ 참조: 성안에 들어간 그들은 **자기들이 묵고 있던 위층 방**으로 올라갔다(1,13)
무엇을	성령으로 가득 차, 성령께서 표현의 능력을 주시는 대로 다른 언어들로 말하기 시작하였다(2,4)
어떻게	갑자기 하늘에서 거센 바람이 부는 듯한 소리가 나더니(2,2ㄱ) 불꽃 모양의 혀들이 나타나 갈라지면서 각 사람 위에 내려앉았다(2,3)
왜	성령께서 너희에게 내리시면 너희는 힘을 받아, … 땅 끝에 이르기까지 나의 증인이 될 것이다(1,8) 하신 말씀이 이루어지려고

오순절이 되었을 때

왜 루카는 성령강림 사건의 시기를 "오순절"(2,1)로 정했을까? 오순절*은 농경 문화에서 유래된, 수확에 대한 기쁨과 감사를 기념하는 축제였다. 유목민으로서의 뿌리를 가진 이스라엘 민족의 초기 문화라기보다는 가나안 정착 이후 토착화 과정에서 이루어진 축제로 추정된다. 하지만 바빌론 유배 이후, 이스라엘의 야훼 신앙 재건과 민족의 구심점을 만들기 위한 노력 안에서, 오순절은 하느님께서 이끄시는 구원 역사와 결부된 축제로 발전하며 특별한 의미를 갖게 된다. 레위기는 '주간절'이라고도 불리는 오순절을 이렇게 설명한다.

---

* 이 축제는 처음 수확한 보리 맏물을 봉헌하는 가나안의 한여름 축제에서 유래한 것으로 보인다. 그런데 이스라엘에서는 보리 수확을 끝내고 새 밀의 수확을 시작하면서 이를 기념하는 축제로 지냈다. 이름도 '수확절'(탈출 23,16), '주간절'(탈출 34,33; 신명 16,10), '맏물의 날'(민수 28,26) 등 여러 가지였다. 가장 널리 쓰인 주간절(히브리어 *shabuot*)이란 이름은 보리 수확에서 밀 수확을 마칠 때까지 일곱 주간을 지내던 관습에서 나왔다. 율법에서는 파스카(무교절), 초막절과 함께 삼대 축제의 하나로 명시한다(신명 16,16)(성서와함께 편집부, 《나의 증인이 - 성서가족을 위한 사도행전 해설서》, 성서와함께, 2013, 71쪽).

> 너희는 안식일 다음 날부터, 곧 곡식 단을 흔들어 바친 날부터 일곱 주간을 꽉 차게 헤아린다. 이렇게 일곱째 안식일 다음 날까지 오십 일을 헤아려, 새로운 곡식 제물을 주님에게 바친다(레위 23,15-16).

오순절은 '첫째 달 열나흗날 저녁 어스름에 지키는 주님의 파스카'**(레위 23,5)로부터 50일이 지난 시점에 지낸다. 이 오순절은 이집트를 탈출한 후 50일이 지난 시점의 사건, 즉 시나이 광야에 이르러 하느님과 계약을 체결하는 사건을 상기시킨다(탈출 19,1-6).

> 이스라엘 자손들이 이집트 땅에서 나온 뒤 셋째 달 바로 그날, 그들은 시나이 광야에 이르렀다.
> "이제 너희가 내 말을 듣고 내 계약을 지키면, 너희는 모든 민족들 가운데에서 나의 소유가 될 것이다. 온 세상이 나의 것이다. 그리고 너희는 나에게 사제들의 나라가 되고 거룩한 민족이 될 것이다"(탈출 19,1.5-6).

** 이스라엘 민족이 이집트에서 탈출한 사건(탈출 12,37-39)을 기념하는 파스카 축제는 하느님께서 이스라엘 민족을 선택하셔서 당신의 구원을 보여 주시고, 하느님 자신을 알려 주셨다는 의미를 가진다.

이스라엘 민족에게 시나이 계약은 하느님 백성으로 새롭게 태어나는 시작점이다. 그들은 이집트 탈출을 통해서 하느님께서 어떤 분이신지를 체험한다. 이스라엘은 하느님이 파라오를 능가하는 분이심을 열 가지 재앙을 통해 알게 되었고(탈출 7,14-12,36), 자신들을 이집트인들로부터, 무서운 죽음의 길에서 구원하는 분이심을 갈대 바다 사건을 통해 알게 되었다(탈출 14,15-31). 그래서 그들은 하느님과 계약을 맺어 그분의 백성으로 다시 태어났고, 오순절은 이스라엘 백성이 하느님 백성으로서 살아가게 된 '시나이 계약'을 기념하는 축제가 되었다. 그러므로 오순절은 이를 기억하며 하느님의 백성으로 살아가겠다는 계약 갱신의 의미를 가지고 있었다.

루카 복음사가는 오순절을 성령강림의 시기와 결부시킴으로써, 새로운 하느님 백성의 탄생, 다시 말해 **'예수님을 믿고 따르며 증언하는 공동체인 교회의 탄생'**을 준비하고 있다. 하느님의 영을 받은 모든 사람(사도 2,1-12)은 하나의 민족이 아니더라도, 율법을 지키고 있지 않더라도, 성령을 통해서 하느님의 새로운 백성으로 다시 태어난다.

불꽃 모양의 혀들이 나타나

성령께서 나타나시는 모습은 루카의 의도를 더 확실히 드러낸다. 사도행전은 "갑자기 하늘에서 거센 바람이 부는 듯한 소리가 나더니"(2,2ㄱ), "불꽃 모양의 혀들이 나타나 갈라지면서 각 사람 위에 내려앉았다"(2,3)라고 표현한다. 이 모습은 하느님과 계약을 맺기 위해 시나이산을 올랐던 모세가 하느님을 체험하는 장면과 매우 유사하다(탈출 19,16-20).

시나이산 계약 장면과 성령강림 장면이 겹쳐져, 구약성경 속 하느님의 모습을 상기시킨다. 창조 때 '어둠이 심연을 덮고 그 물 위를 감돌고 있던 바람'(창세 1,2 참조)을 생각하게 하며, "떨기나무 한가운데로부터 솟아오르는 불꽃 속에서"(탈출 3,2) 당신을 드러내시고 불과 구름 기둥으로 광야에서 이스라엘 백성을 이끄셨던 하느님의 함께하심(탈출 13,22 참조)을 떠올려 준다. 그리고 "그분 코에서는 연기가 오르고 입에서는 삼킬 듯 불길이 치솟았으며 그분에게서 숯불이 타올랐네"(시편 18,9)라고 찬양한 다윗의 노래를 바라보게 한다. 이처럼 루카는 하느님이신 이 성령께서 직접 오시어 새로운 당신 백성으로 그들을 선택하셨다고 말한다.

2. 새로운 하느님 백성의 탄생

구약에서 시작된 하느님의 구원 역사 안에서 '하느님의 백성'으로 끊임없이 언급되는 대상은 '이스라엘'이다. 하지만 그 '이스라엘'은 시간의 흐름과 함께 계속해서 범위가 확장되며 발전한다.* 루카 복음사가는 구원의 역사 안에서

---

* 하느님께서 아브람을 부르시고 약속을 맺으시면서 구원의 역사가 시작되고(창세 12장) 아브라함과 이사악, 야곱, 요셉을 거치면서 그 약속이 실현된다. 이스라엘 민족은 혈연으로 이루어진 **민족 공동체**였다. 하지만 이집트에서 노예 생활을 하면서 민족의 단일성을 유지하는 데 어려움을 겪었을 것이다. 이민족들과 함께 살아가다 보니 그들 중에도 야훼 신앙을 갖게 된 이들이 있었을 것이고, 그들도 이스라엘 민족과 함께 이집트를 탈출했을 것이다. 그렇게 이스라엘 민족은 민족 공동체에서 **체험 공동체**로 확대된다. 곧, 하느님의 자비와 권능을 체험(탈출 12,29-36; 14,15-31; 15,22-27; 16,1-36; 17,1-7; 17,8-16 참조)하고, 하느님이 어떤 분이신지를 알게 된 이들(탈출 3,13-15 참조)의 공동체이다. 이들은 광야 생활과 가나안 정복 때, 그곳에 있던 여러 타민족들을 공동체 안에 받아들이는 동시에, 같은 체험과 고난을 공유하지 않은 사람

이어져 내려오는 하느님 백성으로서의 모습을 상기시키기 위해, 오순절과 시나이 계약 당시의 모습을 성령강림의 이미지로 사용하고 있다. 그리고 이제 또 다른 하느님 백성의 모습, 성령을 통해서 이루어지는 새로운 모습을 이야기한다. 루카가 그리고 있는 새로운 하느님의 백성, 성령을 중심으로 하는 새로운 공동체는 어떤 모습인지 살펴보자.

하늘과 땅의 만남

첫째로, '**하늘**'의 상징성을 생각해 보자. 하늘은 거의 모든 종교에서 중요한 상징이다. 인류 최초 수메르 문명에서부터 신적 존재로서 하늘은 모든 신의 아버지로 여겨졌다.

들에게는 야훼 하느님에 대한 믿음을 요구해야 했다. 따라서 '하느님 백성'의 개념은 시나이 광야에서 맺었던 계약과 예배(탈출 19,3-8; 십계명: 20,1-17; 계약의 책: 20,22-23,19)를 중심으로 하는 **계약 공동체**로 발전한다. 이는 가나안 정복을 마친 뒤 야훼 신앙의 확인을 강요하는 모습(스켐 집회: 여호 24,1-28)에서 볼 수 있다. 이후 왕정 시대와 예언자의 시대, 유배와 귀환의 시대에도 계속해서 그 계약을 갱신하고 예배에 집중하면서, 계약 공동체의 모습이 하느님 백성의 모습으로 계속 이어져 왔다.

고대 이스라엘인들은 하늘 개념을 독특한 야훼 신앙으로 소화해 재해석했다. 구약성경에서 하늘은 일차적으로 공간일 뿐이다. 구약성경은 하늘에 인격이 있다고 오해할 만한 표현을 피했으며, 하느님을 '하늘에 계신 분'으로 표현한다(시편 2,4; 11,4). 그래서 일반적으로 하늘은 하느님을 체험하게 하는 곳, 하느님의 거룩함을 드러내는 곳, 하느님의 거처로 인식되었다. 구약의 이야기 속에서도 하늘에 계신 하느님께서는 땅의 인간을 만나기 위해 하늘과 가장 근접한 높은 산(하느님의 산: 시나이산, 호렙산)으로 오셔서 당신을 드러내 보이신다(탈출 3,1-6; 19,16-25; 1열왕 19,1-8).

하지만 이제 하느님은 하늘에만 계시지 않는다. 성령을 보내 주셨고, 그 성령은 언제나 각각의 사람들 머리 위에 머물러 있다. 하느님께서 계신 거룩한 하늘과 인간이 살아가는 땅이 분리되지 않고 하나가 된 것이다. 하늘과 땅이 하나가 되는 상징은 루카복음서의 '천사가 목자들에게 예수님의 탄생을 알려 주는 장면'(루카 2,8-14)에서도 찾아볼 수 있다. 천사가 목자들에게 예수님의 탄생을 알린 후, 갑자기 하늘의 군대가 나타나 "지극히 높은 곳에서는 하느님께 영광, 땅에서는 그분 마음에 드는 사람들에게 평화!"(2,14)라고 찬미하는 대목이다.

성령강림을 통해서 루카는 언제나 동경하고 바랐던 하느님과 함께하는 삶이 세상과 동떨어진 하늘에서만 이루어지는 것이 아니라, 우리가 살아가는 이 땅에서 이루어지고 있음을 강조한다. 이 세상은 하느님께서 머무시는 거룩한 곳임을 말하려는 것이다. 우리 세상을 지배해 왔던 이분법적 세계관에서 벗어나 통합된 시선으로 세상을 바라보게 한다. 인간과 자연을, 몸과 마음을, 감성과 이성을, 경험과 논리를 분리하지 않고 하느님의 거룩한 뜻 안에서 바라보게 한다. 이렇게 새로움이 시작된다.

우리 안에 세워진 성전

둘째, '**성전**'*의 개념도 바뀌게 된다. 성전의 유래는 '하느

---

* 구약성경에서 성전은 하느님이 거주하는 장소이며 인간이 하느님을 만나는 거룩한 장소였다. 기원전 10세기경 솔로몬은 모리야산에 주님의 집을 지었는데(2역대 3,1), '모리야'는 아브라함이 이사악을 번제물로 바치려 한 곳이다(창세 22,2). 솔로몬 성전은 기원전 6세기 초 바빌론에 의해 무너졌고, 약 50년 후 바빌론 유배에서 돌아온 유다인들은 즈루빠벨의 주도로 제2성전을 봉헌했다. 헤로데가 나중에 그곳을 웅장한 규모로 재건했지만, 기원후 70년경 로마 군인들에 의해 파괴되었

님의 산'에서 출발한다. 이스라엘 백성은 하늘에서 내려오신 하느님을 하느님의 산에서 만난다. 하느님께서는 그 산, 시나이산에서 이스라엘과 계약을 맺으시고는(탈출 24,1-11), "그들(이스라엘 자손들)이 나를 위하여 성소를 만들게 하여라. 그러면 내가 그들 가운데에 머물겠다. 내가 너에게 보여 주는 성막의 모형과 온갖 기물의 모형에 따라 모든 것을 만들어라"(25,8-9) 하고 모세에게 명령하신다.

이제 이스라엘 백성은 하느님을 만나기 위해 '산'이 아니라 그들이 사는 천막 주위의 **'성막'**을 찾아가면 된다. 누구든지 하느님을 찾을 일이 생기면 '만남의 천막'으로 갔고, 천막 안에서 하느님께서는 마치 자기 친구에게 말하듯 모세와 마주하여 말씀하셨다(탈출 33,7-11 참조). 하느님을 만나고 대화했던 이 특정한 장소는 **'성전'**으로 발전한다. 다윗 임금은 예루살렘을 점령하고 궁을 지었지만(2사무 5,11), 하느님의 궤*는 아직 천막에 머물러 있다

다. 그러나 주님의 몸이 성전이 되셨고(요한 2,21), 또 주님의 희생 제사로 우리 모두가 성전이 되었으니(1코린 3,16), 당신 거처를 백성들 사이에 두겠다 하신 하느님의 약속은(에제 37,28) 지금도 변함없다.

* 성전의 가장 안쪽 지성소에는 '계약 궤'가 모셔져 있다. "주님의 계약 궤, 곧 우리 하느님의 발판"(1역대 28,2)이나 "커룹들 위에 좌정하신 만

고 한탄한다(7,2).

하지만 하느님께서는 "내가 살 집을 네가 짓겠다는 말이냐? 나는 이집트에서 이스라엘 자손들을 데리고 올라온 날부터 오늘까지, 어떤 집에서도 산 적이 없다. 천막과 성막 안에만 있으면서 옮겨 다녔다"(7,5-6) 하시면서, 다윗의 후손이 하느님의 이름으로 집을 지을 것이라고 말씀하신다(7,13). 마침내 그의 아들 솔로몬 임금이 주님의 집인 성전을 짓게 된다(1열왕 6,1-38).

이렇듯 **성전은 하느님을 만나는 거룩한 장소이고, 하느님께서 세상에 거처하시는 자리**이다. 루카 복음사가는 하느님과 만나서 그분과 대화할 수 있는 자리를 특정하지 않는다. 성령께서 내리신 곳은 성전이나 지성소가 아닌 "그들이 모두 모여 있는 자리"(2,1)였고, 또한 성령께서는 "그들이 앉아 있는 온 집 안"(2,2)을 가득 채우셨다. 성령강림으로 시작되는 새로운 시대에는 이제 하느님과 만나 대화하기 위해 어떤 특정한 장소를 찾을 필요가 없

군의 주님의 계약 궤"(1사무 4,4)라는 표현을 통해, '계약 궤'는 하느님의 옥좌이자 하느님께서 계시는 자리로, 하느님의 권능을 상징함을 알 수 있다.

다. 하느님께서는 우리가 모여 있는 자리에, 우리 각자의 집에 찾아오시고 그곳에서 우리와 친밀하게 대화하신다.

하느님과의 직접적인 만남

셋째, 하느님과 직접 만날 수 있는 사람도 달라진다. 구약에서 하느님과 만나 직접 대화할 수 있는 사람들은 한정적이었다. 시나이산에서 계약을 맺는 장면을 보면 백성들은 산에도 올라가지 못했고, 이스라엘 원로 일흔 명은 산어귀에 멀찍이 서서 하느님을 바라볼 수 있었다. 오직 모세만이 주님께 가까이 다가갈 수 있었다(탈출 24,1-2). 만남의 천막에서도 모세만이 하느님과 대화를 나눌 수 있었고, 온 백성은 저마다 자기 천막 어귀에 서서 모세가 천막으로 들어갈 때까지 그 뒤를 지켜볼 뿐이었다(33,8-9). 예수님 시대에도 성전을 출입할 수 있는 사람들은 제한적이었다. 오직 사제에게만 주님의 성소에 들어가 예배를 진행할 수 있는 권한이 허락되었다(루카 1,8-10 참조).

하지만 성령께서는 이제 불꽃 모양의 혀로 나타나시어 **"각 사람 위"**(사도 2,3)에 내려앉으셨다. 그러자 "모두 성령으로 가득 차, 성령께서 **표현의 능력을 주시는 대로 다른 언어들로 말하기 시작**하였다"(2,4). 이제 하느님을 만나 대화하고 그분의 능력과 힘, 말씀을 품어 안을 자격이 공동체를 대표하는 지도자나 특별히 선별된 이만이 아니라, 하느님을 믿고 따르는 공동체 모든 구성원에게 부여되었다. 하느님을 만나 친구처럼 대화하고 친교를 나누는 일은 이제 특권이 아니라 하느님 백성의 조건이다.

모든 민족이 하나 됨

넷째, 새로운 공동체에서는 세계 모든 나라에서 온 사람들이 **각자의 말로 이야기해도 서로 알아듣고 소통할 수 있었다. 그래서 그들은 하나가 되었다.** 하나였던 언어가 여러 개로 갈라진 이유는 '바벨탑 사건'(창세 11,1-9) 때문이었다. "온 세상이 같은 말을 하고 같은 낱말들을 쓰고 있었"지만(11,1), 그들의 오만은 "하늘까지 닿는 탑을 세워 자신들의 이름을 날리려" 하였다(11,4). 그러자 하느님께서는 그들을 온 땅으로 흩어 버리시고, 온 땅의 말을 뒤섞어 놓으셨다(11,8-9).

하지만 이제 언어와 문화가 다른 이들이 한자리에 모여, 하느님의 영으로 서로의 말을 이해하고 소통하고 받아들여서 하나가 되었다. 성령을 통해 하나가 되는 공동체, 서로의 다름을 인정하고 받아들여 일치하는 공동체가 바로 새로운 하느님 백성의 모습이다. 루카 복음사가는 이 사람들이 "세계 모든 나라에서 온 독실한 유다인"(2,5)이라고 소개한다. 뒤이어 언급되는 여러 지역의 이름은 유다 지역을 중심으로 동서남북을 가리키고 있다.

이제 '하느님 백성'은 특정 민족이나 공동체로 국한되지 않으며, 모두가 그 대상이 된다. 중요한 것은 성령의 오심이다. 성령을 체험하고 성령께서 함께 계심을 느끼는 사람들은 새로운 하느님의 백성으로서, 하느님에 대한 새로운 체험을 할 수 있다.

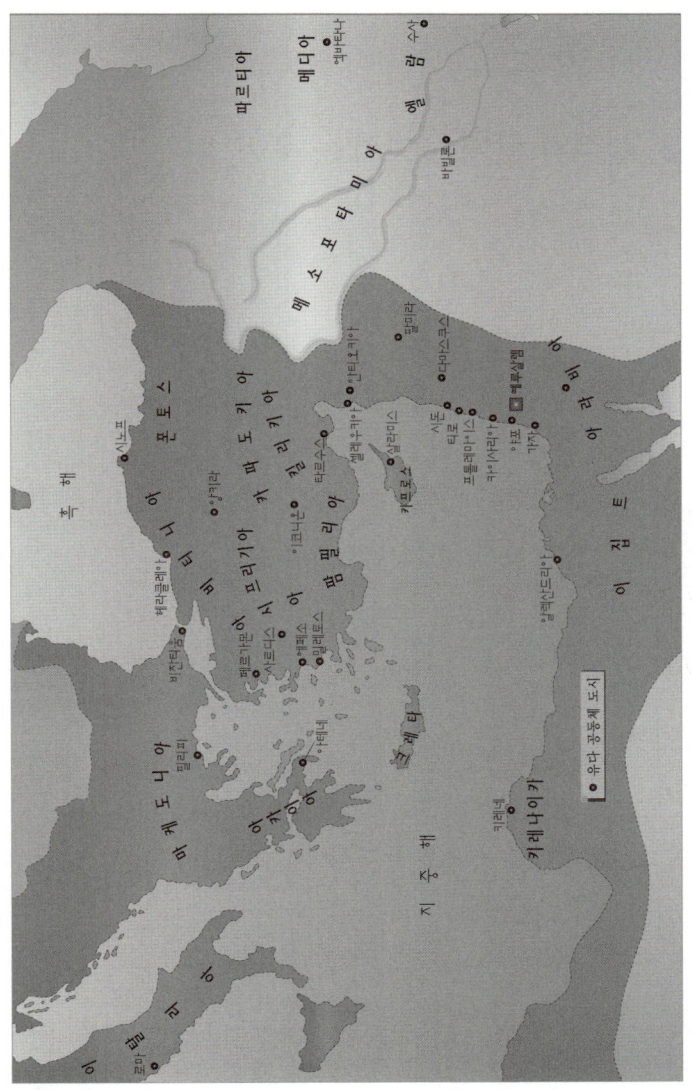

《성서사십주간 성경지도》, 지도 150

3. 성령과 함께 살아가는 우리

'우리는 진정 하느님 백성으로 살아가고 있는가?' 이 질문은 달리 말하면, '우리는 하느님의 성령을 매일 체험하며 성령과 함께 살아가고 있는가?'와 같을 것이다. 우리는 세례를 통해서 하느님의 영을 받았다. 그러면 성령은 일생에 한 번 받고 끝나는 것인가? 아니면 매년 성령강림 대축일에 성령의 은사를 통해 받는다고 생각하는가? 특별한 시기나 장소에서, 특정한 행위와 전례에 참석해야만 성령을 받을 수 있다고 생각하는가? 성령에 대한 우리의 일반적인 생각은 어떠한가?

앞서 '일을 시작하며 바치는 기도'를 통해 살펴보았듯이, 성령은 어느 특정한 시간이나 장소나 행위를 통해서 받는 것이 아니다. **성령은 항상 우리와 함께 계시고, 우리는 언제 어디서든 성령을 체험할 수 있다.** 따라서 우리의 질문은 '언제, 어디서 성령을 체험할 수 있는가?'가 아니라, '항상 우리에게 오시는 성령을 어떻게 느끼고 체험할 수 있는가?'여야 한다. 그리고 스스로가 자신의 역사와 삶 속에서 그 답을 찾아야 한다. 사도행전의 이야기를 통해 성령께서 우리의 삶 속에 어떻게 찾아오시는지, 또 성령을 받은 사람들의 모습은 어떤지를 살피며, 그 해답에 가까이 다가가 보자.

'익숙함' 속에 '낯섦'을 주시는 성령

필자는 '익숙한 낯섦'이라는 모순적인 단어를 좋아한다. 매일의 똑같은 일상 속에서도 늘 새로움을 발견하며 살아가는 것이 그리스도인의 삶이라고 생각하기 때문이다. 우리는 거의 매일을 같은 곳에서, 같은 사람들을 만나고, 같은 일과 같은 수고를 하며 살아간다. 하지만 그 익숙한 일상에서 때로는 보이지 않던 것들이 눈에 띌 때가 있다. 매일 지나가는 거리에서 낯선 무엇인가를 발견하고, 아침마다 얼굴을 보며 이야기 나누는 가족들에게서 또 다른 모습을 발견하고, 거울 속에 비친 내 모습이 왠지 모르게 달라졌음을 발견하게 된다. 사실 달라지거나 바뀐 것은 없을 것이다. 다만 내 눈에 보이지 않았던, 아니면 무심히 넘겨 버렸던 것들이 보이는 것이다. 그렇게 우리를 새롭게 바라볼 수 있도록 해 주시는 분은 성령이시다.

사도행전에도 **익숙함 안에서 낯섦을 찾아가는 이야기**가 많다. 성령강림 이후 그곳에 있던 사람들은 알아들을 수 없었던 말을 듣게 된다(2,6-11). 제자들은 유다인들이 득실거리는 성전에서 예수님을 증언하고(2,14-36; 3,11-26), 마침내는 그들을 죽이려고 혈안이 된 사람들이 모인 최고 의회에서 예수님을 증언한다(4,1-22). 그들이 용기를 갖고 열정에 불타는 인물로 변화한 힘은 그들의 의지가 아닌 성령의 도움 덕분에 생긴 것이다(4,8; 7,55 참조). 예루살렘에서의 박해로 인해 유다와 사마리아 지역으로 흩어졌던 사도들은(8,1-2) 그들에게 적대감을 가지고 있었던 사마리아 사람들에게 가서 복음을 전한다(8,14-17). 또 다마스쿠스에 머물던 제자 하나니아스가 그리스도인을 박해했던 사울을 찾아가도록 이끄셨던 분도 '주님의 영'이시다(9,10-16).

이처럼 평소에 관심 없던 목소리에 귀를 기울이게 하고, 이를 마음에 담아 고민하게 만드는 낯섦을 체험했다면 우리는 성령과 함께 있는 것이다. 누군가의 충고에 귀 기울이고, 그동안 찾지 못했던 해답을 어떤 이와의 대화 안에서 발견하고, 나의 부끄러움과 한계를 깨닫는 것은 바로 성령께서 우리에게 내리시어 그 목소리를 듣게 하시기 때문이다. 그래서 우리는 또 다른 나, 새로운 나로 바뀔 수 있다.

성령께서는, 과거에는 비겁하게 외면했던 일에 이제는 용기를 가지고 행동하는 나로 살아가게 하신다. 또한 피곤함과 귀찮음에 빠져 무기력하게 살아가는 우리를 일으키시어, 행동하고 사랑하게 하신다. 반복되는 일상에 대한 회의감과 지겨움에서 벗어나, 자신을 바라볼 수 있는 시선과 마음의 여유를 찾을 수 있는 것도 성령께서 우리를 찾아오신다는 증거이다.

성령께서는 우리 주변의 인물에게 새로운 시선을 두게 하신다. 선입관으로 가득 찬 경직된 마음에서 벗어나 좀 더 이해하려는 열린 마음을 갖게 하시고, 나의 의견이나 가치에 반대했던 사람을 관대한 마음으로 수용하게 하신다. 지금까지는 보지 못했던 가난한 이들이, 외면했던 약자들이 우리 마음 안에 들어오게 하신다.

이 모든 변화의 주체는 바로 성령이시다. 자기중심적

사고와 탐욕으로 뒤엉킨 실타래는 내버려 둔다고, 또 의지적으로 노력한다고 풀리지 않는다. 성령께서 우리 안에 일으켜 주시는 새로운 관점만이 이것을 풀 수 있다. 우리가 성령과 함께 살고 있다는 것은 익숙함에서 낯섦을 발견할 때 깨닫게 된다. 그리고 그 순간은 회심한 나를 만나는 때이기도 하다. 성령을 통해서 내 삶이 변화하며, 삶의 방향이 하느님께로 향하여 예수님을 닮게 된다. 하느님의 백성으로 다시 날 수 있는 조건은, 성령을 체험하는 것, 곧 매일 새롭게 하느님을 향해 돌아서는 것이다.

새로이 깨닫게 하시는 성령

에티오피아 내시는 이사야 예언서를 읽었지만 무슨 말인지 깨닫지 못했다(8,26-32). 성령께서 필리포스를 그에게 보내시어(8,29) 말씀을 깨닫게 해 주시고, 세례를 베풀어 그 또한 성령을 받게 하신다(8,35-40). 우리가 성경을 읽을 때 체험하는 새로운 시각과 깨달음이 우리의 영민함 때문은 아닐 것이다. 말씀을 통해, 성사를 통해, 그리고 삶의 모든 것을 통해 성령께서는 우리가 그동안 알아듣지 못했던, 찾지 못했던 진리를 깨닫게 하신다.

베드로와 코르넬리우스 이야기(10,1-43)에서도 새로운 앎으로 우리를 이끄시는 성령의 모습을 발견할 수 있다. 베드로는 유다인이다. 그에게는 예수님을 증언하며 모든 민족에게 복음을 선포하고 그들을 그리스도인 공동체로 불러 모아야 할 의무가 있었지만, 유다의 전통을 지키려는 강박관념을 버리지 못한 것 같다. 어쩌면 의식적 행동이라기보다는 자신의 삶 속에 오랫동안 스며들어 묻어 나오는 습관일 수 있다. 그래서 이방인들에게도 그리스도인이 되려면 유다적 전통과 율법을 지키라고 강요한 것은 당연한 일일지도 모른다.

하지만 성령께서는 그런 베드로의 생각을 변화시켜 주신다. 기도하는 베드로에게 율법에 어긋나는 동물을 잡아먹으라고 일러 주시지만(10,9-13), 베드로는 유다인으로서 거부한다. "주님, 절대 안 됩니다. 저는 무엇이든 속된 것이나 더러운 것은 한 번도 먹지 않았습니다"(10,14). 하지만 성령께서는 "하느님께서 깨끗하게 만드신 것을 속되다고 하지 마라"(10,15) 하시며 베드로의 잘못된 생각과 마음을 바꾸도록 깨달음을 주신다. 그래서 베드로는 성령에 이끌려 이방인 코르넬리우스의 하인을 만나고

(10,19), 카이사리아에 있는 코르넬리우스를 찾아가 세례를 준다(10,24-29). 그리고 마침내 선포한다. "나는 이제 참으로 깨달았습니다. 하느님께서는 사람을 차별하지 않으시고, 어떤 민족에서건 당신을 경외하며 의로운 일을 하는 사람은 다 받아 주십니다"(10,34-35).

성령께서는 몸에 밴 악습과 잊고 있던 진리를 깨우쳐 주신다. 그분은 매일 우리 일상에 찾아오시어 우리 마음의 문을 두드리신다. 매일 수없이 긋는 성호경, 때론 습관적으로 참여한 전례와 성경 말씀이 새롭게 다가오도록 일깨워 주시는 분은 바로 성령이시다.

경이로움으로 초대하시는 성령

경이로움을 느끼는 순간도 성령께서 주시는 새로움을 발견하는 때이다. 우연히 경험하게 된 자연의 아름다움이나 인간의 한계를 뛰어넘어 만들어진 예술품, 불가사의하고 놀라운 고대 유물들과 사람의 능력으로는 세울 수 없을 것 같은 건축물을 바라볼 때 우리는 하느님을 떠올리며 그분을 찬양하게 된다. 하느님께서 직접, 또는 인간의 노력과 열정을 통해 보여 주시는 당신의 형상을 우리는 '**경이로움**'으로 느끼고 체험한다. 이는 우리의 능력으로 보는 것이 아니라 성령께서 우리에게 보여 주시는 것이다. 그때에, 그 자리에, 그들과 함께하시는 성령의 역사이다.

스테파노는 자신을 죽이려는 적대자들 한가운데에서 성령으로 충만하여 '하느님의 영광과 하느님 오른쪽에 서 계신 예수님을 본다'(7,55). 두려움과 걱정 앞에서 보게 된 하느님의 함께하심, 그분의 보호와 위로 또한 성령께서 우리에게 주시는 선물이다. 놀라워할 때 "Oh, my God!"이라는 감탄사를 외치는 것은, 어쩌면 우리가 대처할 수 없는 이 놀라움 앞에서 하느님께 나를 맡기고 성령을 청하는 모습이 아닐까?

이러한 경이로움은 인간의 능력을 뛰어넘는 일을 하시는 하느님의 힘과 능력을 신뢰하게 하고, 순종하는 마음을 갖게 하여 우리의 나약함과 부족함을 바라보게 해 준다. 이때 인간이 품게 되는 마음이 바로 '**경외심**'이다. 그렇게 하느님의 위대하심을 체험하고, 그 위대함 앞에 인간이란 아무것도 아닌 존재임을 배울 때 성령께서는 우리와 함께하신다.

악에서 보호하시는 성령

성령에 대한 이야기를 다른 관점에서 살펴보자. 초기 그리스도교 신자 공동체는 한마음 한뜻이 되어, "아무도 자기 소유를 자기 것이라 하지 않고 모든 것을 공동으로 소유하며"(4,32) 살아간다. 하지만 하나니아스와 그의 아내 사피라가 재산을 팔아 일부는 떼어 놓고 나머지만 교회 공동체에 헌납하는 사건이 일어난다(5,1-2). 베드로는 이들의 탐욕과 속임수를 강하게 비난한다(5,3-9).

> 하나니아스, 왜 사탄에게 마음을 빼앗겨 성령을 속이고 땅값의 일부를 떼어 놓았소? … 그대는 사람을 속인 것이 아니라 하느님을 속인 것이오(5,3).

루카는 인간의 탐욕과 속임수를 '사탄의 유혹'이라고 말하면서 '성령을 속이는 일'이라고 언급한다. 예수님께서는 광야에서 악마에게 유혹을 받으실 때에도 성령에 이끌려 그곳으로 가셨고(루카 4,1), 유혹이 끝나고 갈릴래아에서 공생활을 시작하실 때에도 성령의 힘을 지니고 활동하신다(4,13-14). 이렇게 악에서 보호해 주시고, 그 악과 싸울 힘을 주시는 분은 바로 '성령'이시다.

    루카 복음사가는 우리의 삶 안에서 악마가 끊임없이 활동하고 있음을 이야기한다. 악마는 유혹을 끝내고 "다음 기회를 노리며"(4,13) 물러가지만, 예수님을 배신하는 유다 이스카리옷에게 다시 들어간다(22,3). 또 예수님께서는 벙어리 마귀를 쫓아내시고 사람들과 베엘제불의 힘에 대한 논쟁(11,14-23)을 벌이신 이후, '악한 영'의 집념과 끊임없는 유혹에 대해 가르치신다(11,24-26).

    악은 우리의 가장 약한 부분을 공격하고, 우리가 가장 원하는 것으로 꾀어내어 우리를 어둠에서 벗어나지 못하게 한다. 그래서 악마의 명확한 실체를 규정할 수 없을지도 모른다. 다만 매일의 일상 속에, 매 순간 이루어지는 선택과 결정의 찰나에 우리 안에서 들려오는 달콤한 속삭임이 바로 악마의 목소리가 아닐까? 우리는 이 악의 유혹을 물리칠 수 있다고 착각하기도 한다. 예수님처럼 단호하고 강단 있게 "물러가라!" 하고 지금도 소리치고 있다고 생각할 수 있다. 우리가 유혹을 자신의 의지로 한두 번 이겨 냈다 하더라도, 악마는 더 강력한 유혹을, 거절할 수 없는 제안을 가져온다. 자만하지 말고, 자신을 과신하지 말아야 한다. 어떤 사람도 자신 있게 악을 물리칠 수 있다고 단언해서는 안 된다.

악을 이겨 내고 그 유혹에서 벗어날 유일한 방법은 성령을 체험하는 길뿐이다. 어둠의 세력을 이기는 유일한 방법은 빛을 가져오는 것뿐이다. 등불을 달거나, 햇빛이 드는 곳으로 나가거나, 내 안에 빛을 밝혀야 한다. 악의 세력은 어둠과 같다. 슬그머니 내 안으로 들어와 우리의 생각과 마음을, 그리고 삶 전체를 차츰차츰 잠식해 나간다. 그러면 우리는 그 악의 어둠에 적응하게 되고, 우리 안의 빛은 사라진다. 그리고 다시 빛이 비치면 눈을 감고 빛을 거부하며 보지 않으려 한다. 우리가 어둠에 적응하지 않도록 빛을 보여 주시는 분이 바로 성령이시다. 하나니아스와 사피라처럼 어둠에 묻혀 악의 유혹에 따라 악의 방식대로 결정하고 행동하면, 그 결과는 죽음뿐임을 알아야 한다. 성령께서는 예수님처럼 성경 말씀으로 빛을 보여 주신다. 악마의 유혹과 나를 덮으려는 어둠을 하느님 말씀으로 단호하게 물리치신다.

우리는 일상에서 부딪힌 악의 유혹을 어떻게 물리쳤는지 기억해 내고, 우리 안에 있는 빛이 어둠은 아닌지 살펴보는(루카 11,35) 지혜로운 시선을 가져야 한다. 미사의 은총으로, 성경 말씀으로, 성찰과 고해성사로, 친구들과의 만남으로, 사람들과의 대화로 우리는 성령의 빛을 체험하고 우리의 결정을 뒤바꿀 수 있다. 성령께서는 **우리를 악에서 지켜 주시는 보호자**이시다.

4. 하느님의 새로운 공동체

개인과 공동체

인간은 홀로 살아갈 수 없다. 성경을 읽어 봐도 하느님께서는 인간을 '함께 살아가는 존재'로 창조하셨음을 알 수 있다. 언제나 '알맞은 협력자'를 갈구하며, 그에게 자신의 '곁'*을 내어 주는 존재로 창조하시어(창세 2,18-23), 헤어짐

---

* 창세 2,21-22은 "주 하느님께서는 사람 위로 깊은 잠이 쏟아지게 하시어 그를 잠들게 하신 다음, 그의 갈빗대 하나를 빼내시고 그 자리를 살로 메우셨다. 주 하느님께서 사람에게서 빼내신 갈빗대로 여자를 지으시고, 그를 사람에게 데려오시자"라고 언급한다. 여기에서 갈빗대(צלע, tsala)는 당시 아랍인들에게 '절친한 친구'를 나타내는 말이었고, 수메르어로는 '생명'을 뜻한다. 해부학적으로도 갈빗대는 심장과 폐를 둘러싸고 보호하는 중요한 역할을 담당한다. 따라서 갈빗대는 상징적으로 신체의 일부라기보다는 존재의 핵심을 구성하는 중요한 요소를 의미한다. 칠십인역 성경은 צלע를 '갈빗대'로 옮겼지만, 성경의 다른 모

과 만남을 통해 새로운 공동체를 이루게 하신다(2,24-25). 우리는 원하든 원하지 않든 여러 공동체에 속하게 되고, 서로 관계를 맺으며 살아간다. 어느 공동체든 그곳이 추구하는 공통의 가치와 구성원으로서 갖추어야 할 조건들이 있기 마련이다. 혈연으로 맺어져 같은 공간에서 살아가더라도 가치와 신념, 목표를 함께 공유하지 못한다면 공동체라고 할 수 없을 것이다. 공동체가 제시하는 규칙과 삶의 방식을 존중하고 지켜 나갈 때, 구성원 개개인은 연대감을 갖고 각자의 존재 가치를 확인할 수 있다.

사도행전 역시 '하느님의 새로운 공동체'로서 '예수 그리스도를 믿는 공동체'가 어떻게 형성되었고, 그 구성원이 되기 위해서는 무엇을 해야 하는지 잘 설명해 준다. 예수님을 믿는 공동체는 어떤 가치와 목표를 가지는지, 교회 공동체에 들어가기 위한 조건은 무엇인지, 개인이 지녀야 할 자세는 어떠한지, 그리고 교회 공동체의 삶의

든 곳(탈출 25,12.14; 2사무 16,13; 1열왕 6,34; 에제 41,5.9 등)에서 이 용어는 결코 (인간) 신체의 특정 부위를 가리키지 않고, 단순히 어떤 대상의 '측면' 또는 '옆'을 가리킨다. 따라서 이 구절을 해부학적 의미로 해석하지 않는다면, '남자와 여자'는 비슷한 특질로 구성된 '측면과 측면'이라는 개념이 부각될 것이다. 또한 그들은 협조자나 동맹처럼 한 사람이 다른 사람 옆에 '나란히' 서도록 부름을 받았다.

방식은 무엇인지를 이야기 형식으로 들려준다. 이 이야기를 통해 교회 공동체에 어떤 마음으로 어떤 과정을 거쳐 들어왔는지 우리 스스로를 되돌아보고, 그 안에서 살아가고 있는 지금 우리의 모습을 성찰하는 기회가 되기를 바란다.

도대체 어찌 된 영문인가?

성령강림을 목격한 군중은 자신들의 놀라움을 "도대체 어찌 된 영문인가?"(2,12)라는 의아함으로 표현한다. 모든 새로운 것은 일상적이지 않은 것에서 시작한다. 그리스도인으로서의 삶은 일상적이지 않은 것을 자세히 살펴보고, 그에 대한 호기심과 의문, 관심을 갖는 것에서 출발한다. 그 놀라움과 의아함을 비웃음으로 대하면(2,13) 그들은 공동체에 들어갈 수 없지만, 베드로의 말을 '귀담아들은'(2,14) 사람은 자신의 삶을 새롭게 바라보게 된다.

하느님을 만난 구약의 많은 인물들도 이런 의문과 호기심을 통해 하느님을 체험하였고, 하느님의 사람으로 살아가게 된다. 모세는 장인의 양 떼를 치며 광야를 돌아

다녔다. 매일 익숙했던 그 광야에서 '불에 타는데도, 타서 없어지지 않는 떨기나무'(탈출 3,2)를 발견하고 의문과 호기심에 이끌려 다가간다. 그리고 하느님을 만나 소명을 듣는다. 소년 사무엘은 성전에서 잠이 들었을 때, 그를 부르는 소리를 듣는다. 곧바로 스승인 엘리를 찾아가지만, 스승은 그를 찾지 않았다고 말한다. 그럼에도 그는 소리가 들릴 때마다 의문을 품고 엘리를 찾아가고, 스승의 가르침에 따라 결국 하느님을 만난다(1사무 3,1-14 참조).

사도행전에도 지난 삶에 대한 의문과 반성적 성찰 속에 그리스도인 공동체의 문을 두드린 인물이 있다. 바로 사울이다. 사울은 스테파노가 유다인들에게 죽임을 당할 때 그 광경을 지켜보고 있었고(사도 7,58 참조), 또한 그 일에 찬동하였다(8,1). 스테파노는 순교하기 전, 최고 의회 앞에서 이스라엘의 역사 안에서 하느님께서 어떻게 이스라엘 민족을 구원해 주셨는지 자세히 설명하고, 그 역사의 중심에 예수님의 죽음과 부활의 삶이 있음을 설교한다(7,1-53). 율법학자인 사울은 자신이 알고 있던 구원의 역사와 성전에 대한 가르침과는 전혀 다른 해석을 하는 스테파노가 의심스러웠을 것이다. 또한 하느님과 성전을 모독한 죄인인 스테파노는 죽어 마땅하다고 생각했을 것이다. 하지만 그의 죽음은 예수님을 증거한 영광과 축복의 죽음이었다. 그는 죽음 앞에서 폭력을 사랑으로, 죽음을 생명으로 전환하였다. 자신을 죽이는 이들을 저주하고 비난하는 대신, 축복을 빌어 주고 용서의 기도(7,60)를 한 것이다. 자신이 생각한 죄인의 죽음과는 너무 다른 모습 앞에서, 사울은 자문하며 숙고했고 결국 예수라는 인물에 호기심과 관심이 생겼을 것이다.

우리는 어떻게 해야 합니까?

베드로가 열한 사도와 함께 군중들의 의문과 고민에 답한다. '베드로의 오순절 설교'(2,15-36)는 마치 예수님께서 나자렛 회당에서 하신 첫 설교(루카 4,16-30)를 보는 것 같다. 베드로는 예수님의 삶을 증언한다. 구약에서부터 예언되고 준비되었던 하느님의 구원 사업이 예수님의 삶과 죽음과 부활을 통해 실현되었고 완성되었음을, 그래서 예수님께서는 주님이시며 메시아이심을 증언한다. 이 설교를 듣는 사람들은 "마음이 꿰찔리듯 아파하며" 질문한다. "우리는 어떻게 해야 합니까?"(2,37) 이 장면에서 우리는 예수님을 품에 안은 시메온이 마리아에게 했던 예언(루카 2,34-35)이 그들 안에서 이루어짐을 발견하게 된다.

의문과 고민으로 출발했던 마음은 성찰을 통해 고요해져 변화된 삶으로 나아간다. 베드로의 설교를 들었던 모든 사람의 마음이 꿰찔리듯 아프지는 않았을 것이다. 누군가는 쓸데없다 생각하며 돌아갔을 것이고, 다른 누군가는 그 이야기에 반대하며 맹렬히 논박하였을 것이다. 우린 스스로에게 물어야 한다. 예수님의 삶과 사도들의 증언이 우리를 '쓰러지게 하는가?' 혹은 '우리를 아프게 하는가?' 그 모습에 걸려 넘어지지 않는 사람은 "우리는 어떻게 해야 합니까?"라고 질문하지 못한다.

예수님께서 보여 주시고, 사도들이 전해 준 삶의 방식을 거울 삼아 자신을 비추어야 한다. 그리고 그 앞에서 때론 의심하고 아파하며 고민해야만 한다. 사랑 때문에 아파하고 넘어지신 예수님을 향한 열정과 원의만이, 하느님의 새로운 백성 공동체에 속하기 위한 개인적인 준비라고 할 수 있다.

회개하십시오

"우리가 어떻게 해야 합니까?"라는 그들의 질문에 베드로는 "회개하십시오. 그리고 저마다 예수 그리스도의 이름으로 세례를 받아 여러분의 죄를 용서받으십시오"라며 확실한 방법을 제시한다(2,38-39).

하느님의 새로운 백성으로서 그리스도교 공동체인 교회에 속할 수 있는 사람은 어느 특정 민족이나 특권을 받은 사람이 아니라 세상 모든 사람이다. 하느님께서 부르시는 모든 이, "우리는 어떻게 해야 합니까?"라고 자기 자신 안에서 의심과 의문을 품는 모든 사람이 그 대상이다. **그들은 회개해야 한다.** 회개는 새로운 삶의 방향성을 잡아 가는 것이다. 운전 중 목적지로 가기 위해 유턴을 해야 할 때가 있다. 만일 운전자가 유턴 구간을 지나친다면 내비게이션이 이를 알리고, 새로운 경로를 안내한다. 하지만 운전자가 지금 가는 길이 잘못되었음을 알아차리지 못하고 내비게이션의 안내도 무시한다면, 그는 방향을 바꾸지 않은 채 계속 가다가 엉뚱한 곳에 도착하고 나서야 후회할 것이다.

회개는 넘어지는 경험에서 시작된다. 위태롭게 흔들

리다 쓰러져서 삶의 방향과 자신의 행동이 잘못되었음을 스스로 인식해야만, 그래서 자신의 한계와 부족함, 나약함과 죄지음을 알아차려야만 지금 있는 자리에서 방향을 돌릴 수 있다. 때로는 잘못된 방향임을 알더라도 돌아서지 않을 때도 있다. 지금까지 살아왔던 시간에 대한 미련 때문일 수도 있고, 방향을 바꾸어 살아갈 새로운 길에 대한 확신이 부족하거나 두려움 때문일 수도 있다. 그것도 아니면 단순히 게으름 때문에 새롭게 행동하거나 바꾸기를 꺼리기도 한다.

회개하기 위해서는 의지와 용기가 필요하다. 핸들을 꺾는 행동과 미지의 길로 한 발짝 내딛는 용기가 요구된다. 그러한 변화가 회개이다. 복음서의 자캐오가 그러했고(루카 19,1-10 참조), 죄 많은 여자가 그러했으며(7,36-50 참조), 다마스쿠스로 가던 바오로도 그런 체험을 했다(사도 9,1-19).

예수 그리스도의 이름으로 세례를 받아

 두 번째 방법은 세례이다. 삶의 방향을 되돌리는 **회개와 세례는 하나로 이어진다.** 잘못을 인식하고 새로운 방향으로 나아가려 해도, 어느 방향으로 가야 할지 몰라 헤맬 때가 있다. 우리는 예수님을 향해, 오직 그 한 방향으로 돌아서야 한다.

 "저마다 예수 그리스도의 이름으로 세례를 받으라"(2,38ㄴ) 하는 말씀은 예수님의 이름으로 새롭게 다시 태어나라는 뜻이다. 사람들에 의해서 비참하게 고난을 받으시고 십자가 위에서 돌아가신 후, 사흘 만에 죽은 이들 가운데에서 다시 살아나신 예수님을 그리스도로, 메시아로 고백하는 신앙을 가지라는 의미이다. 모든 것을 버리셨던 예수님의 사랑을, 자신의 목숨까지 버리면서 세상을 구원하려 하신 예수님의 의지를 증언하고 선포하는 것, 그리고 예수님의 그 삶을 따라 사는 것이 바로 세례로 다시 태어나는 사람의 모습이다. 그렇게 예수님에 대한 믿음과 확신으로 다시 태어나, 하느님의 새로운 공동체의 일원으로 살아갈 수 있게 된다.

성령을 선물로 받을 것입니다

세 번째로 이 공동체에 속한 사람은 '**선물**(도레아δωρεά)'**로 '죄의 용서'와 '성령'을 받는다.** 누군가에게 선물을 전하는 일은 서로 기쁨과 감사와 행복을 주고받기 위함이지, 어떤 대가나 보상을 바라서가 아니다. 우리는 선물을 아무렇게나 준비하지 않는다. 받는 사람의 나이, 성별, 취향, 나와의 관계 등을 고려하고, 지금 그 사람에게 무엇이 필요한지 관심을 기울인다. 선물을 주고 나면, 이제 그 선물의 주도권은 받은 사람에게 간다. 바랐던 선물이라면 행복과 기쁨은 배가 될 것이고, 그렇지 않다고 하더라도 선물을 준비하느라 고민했을 사람에게 드는 고마운 마음은 여전할 것이다. 하지만 선물이 그에게 필요한 것이 아니거나 그의 취향이 아니라면, 그 선물은 어느 한 귀퉁이에 쌓이거나 더 필요한 누군가에게 건네지기도 한다.

선물을 주시는 분은 하느님이시고, 선물을 받는 사람은 우리이다. 하느님께서는 우리가 바라는 것을 알고 계신다. 아니, 우리가 바라기도 전에 무엇이 필요한지 더 잘 아신다. 우리도 알지 못하는 머리카락까지 다 세어 두시는(루카 12,7) 분이 하느님이시다. 하지만 하느님께서 우리를 위해 마련하신 선물은 우리가 원한 것이 아닐 수 있다. 어쩌면 우리가 바라는 것과 전혀 반대되는 무엇일 수도 있다. 우리를 바라보시는 하느님의 뜻과 '이 타락한 세상 속에서'(사도 2,40) 살아가는 우리의 원의는 서로 다르기 때문이다. 하느님의 선물은 고통과 시련일 수도 있다. 이는 그 아픔을 통해서 더 사랑하고, 더 행복하게 더불어 살아가라는 하느님의 배려이자 기회의 선물이다.

성령을 선물로 받는다는 것은 성령께서 우리를 이끄시는 대로 살아가겠다는 순종의 마음을 가지는 것이다. 예수님의 잉태 소식을 전해 들은 마리아(루카 1,26-38), 최고 의회 앞으로 이끌려 가는 베드로(사도 4,1-20), 유다인들 앞에서 죽을 것을 각오하고 예수님을 증언한 스테파노(7장), 마케도니아로 어려운 선교의 길을 떠나는 바오로(16,6-10)처럼, 그 여정이 고되고 세상의 이치와 맞지 않는다 하더라도 하느님의 뜻을 깨닫고 순종한다면 하느님께서는 더 큰 것으로 채워 주신다.

우리는 스스로 질문해 보아야 한다. 지금 나는 하느님께서 마련해 주신 선물을 감사히 받고 그분 뜻대로 사용하고 있는지, 아니면 내 마음에 들지 않는다고 한쪽 구석에 그 선물을 묵혀 두었는지, 불편하다고 회피하고 있지는 않은지, 또는 필요 없다며 내팽개쳐 둔 것은 아닌지 성찰해 보아야 한다. 또한 우리는 하느님의 공동체 안에서 어떤 선물을 받고 있는지 자문해야 한다. 닥쳐오는 그 일들을 나는 선물로 받아들이는지, 아니면 나를 괴롭히는 시련과 아픔으로 받아들이는지, 그 선물 때문에 하느님을 원망하지는 않았는지, 혹은 시간이 지나 깨닫게 된 선물의 소중함에 감사한 마음을 가졌는지 자기 자신을 한번 바라보자.

루카 복음사가는 하느님의 새로운 공동체에서 더불어 살아가기 위해서, 먼저 개인이 변화해야 한다고 말한다. 지금 삶의 방식에서 예수님을 따르는 삶의 방식으로 전환하는 회개가 우리 삶에서 이루어져야 한다.

III

믿음의 공동체, 교회의 삶

첫 신자 공동체의 생활

회심한 개인, 예수 그리스도의 이름으로 세례를 받고 성령을 선물로 받은 한 사람 한 사람이 모여 예수 그리스도를 믿는 공동체를 이룬다. 하지만 한 사람의 믿음과 신념이 공동체 전체를 이끌어 갈 수 없다. 필자는 30년 전 예수님을 따르며 그분처럼 살아 보겠다는 부푼 꿈을 안고 신학교에 입학했다. 사제의 삶을 지망한 사람들, 무언가를 희생하고 내려놓은 사람들, 자신보다는 남을 위해 살아갈 것을 결심한 사람들이 모인 곳인데 무슨 문제나 어려움이 있으랴? 그야말로 천국 같은 공동체여야 할 것이다. 하지만 우리가 이미 답을 알고 있듯 실상은 그렇지 않았다. 공동체는 각자의 지향과 마음가짐을 넘어서는, 또 다른 측면의 삶의 모습을 요구하기 때문이다.

루카 복음사가는 베드로의 설교를 듣고 회개하여

세례를 받은 신자가 삼천 명가량 늘었다고 이야기한다(2,41). 그리고 그 첫 신자 공동체가 어떤 생활을 하고 있는지 보여 준다(2,42-47). 이 짤막한 구절은 단순히 초대 그리스도교 공동체의 모습을 소개하는 데 그치지 않는다. 예수님을 믿는 공동체의 기준을 제시하는 동시에, 지금 내가 속한 공동체가 진정으로 교회적이며 그리스도 중심적인지를 되돌아볼 수 있는 성찰과 묵상의 자리를 마련한다.

> 그들은 사도들의 가르침을 받고 친교를 이루며 빵을 떼어 나누고 기도하는 일에 전념하였다. … 신자들은 모두 함께 지내며 모든 것을 공동으로 소유하였다. 그리고 재산과 재물을 팔아 모든 사람에게 저마다 필요한 대로 나누어 주곤 하였다(2,42.44-45).

초대 그리스도교 공동체의 모습을 살펴보며, 지금 교회가 갖추어야 할 덕목도 생각해 보자. 이 모습들 가운데 어느 것 하나도 제외할 수 없을 것이다. 루카는 2,42-47에서 첫 신자 공동체의 모습을 소개하며, 이어서 4장과 5장에서도 초대 교회의 모습이 어떠했는지 언급한다. 이 세 부분을 비교해 보면, 첫 공동체의 모습을 다음과 같이 네 가지 덕목으로 요약할 수 있다. 바로 ① 가르침(케리그마κηρύγμα), 선포와 증언(마르튀리아μαρτυρία), ② 친교(코이노니아κοινωνία), ③ 나눔과 봉사(디아코니아διακονία), ④ 기념과 기억(아남네시스ἀνάμνησις)을 위한 전례이다.

	가르침, 선포와 증언
2,42	첫 신자 공동체가 사도들의 가르침을 받음
2,43	사도들을 통하여 많은 이적과 표징이 일어남
4,33	사도들이 예수님의 부활을 증언하고, 공동체 모두 큰 은총을 누림
5,12ㄱ	사도들의 손을 통하여 많은 표징과 이적이 일어남
5,12ㄴ-13	사도들이 솔로몬 주랑에서 설교하고, 백성은 그들을 존경함
5,14-15	신자들의 무리가 늘어나고, 베드로는 많은 병자를 치유함
	친교
2,42	친교를 이룸

2,44	신자들이 함께 지내며 모든 것을 공동으로 소유함
2,46ㄱ	날마다 한마음으로 성전에서 모임
4,32	신자들의 공동체는 한마음 한뜻이 되어, 모든 것을 공동으로 소유함
5,12ㄴ	모두 한마음으로 솔로몬 주랑에 모임
나눔과 봉사	
2,45	재산과 재물을 팔아 필요한 대로 나눔
2,46	즐겁고 순박한 마음으로 음식을 나눔
4,34-35	공동체에 궁핍한 사람이 없음 땅과 집을 팔아서 사도들에게 헌납하고 필요한 만큼 나눔
기념과 기억을 위한 전례	
2,42	빵을 떼어 나누며 기도하는 일에 전념
2,46	집에서 빵을 떼어 나눔
2,47	하느님을 찬미하며 온 백성에게 호감을 얻음

1. 가르침, 선포와 증언

'가르침,* 선포와 증언'은 예수 그리스도의 공동체가 갖추어야 할 가장 중요한 덕목이다. 바로 사도들의 가장 중요한 임무이며 그들의 사명이기 때문이다. 공동체는 사도들의 가르침을 받으며 성장한다. 그 가르침이란 다름 아닌 예수님의 삶과 죽음, 그리고 부활과 승천을 알려 주는 것이다. 초대 교회에서는 이런 가르침을 짧은 선언의 형식으로 전했다(1코린 15,3-5). 우리는 사도들이 증언하고 가르친 이 케리그마를 두 가지 측면에서 숙고해 볼 수 있다. 하나는 이

---

* 교회가 사람들에게 알려 주는 선포proclamatio의 내용과 행위를 함께 일컫는 용어인 '케리그마κήρυγμα'는 《성경》에서 '선포', '복음 선포', '선포를 함'(1코린 1,21; 2,4; 15,14; 티토 1,3; 2티모 4,17; 로마 16,25) 등으로 번역되었다. '케리그마'의 의미를 두 가지로 대별하면, 선포의 내용을 뜻하는 경우(로마 16,25; 1코린 1,21; 15,14; 2티모 4,17)와 선포의 행위를 뜻하는 경우(1코린 2,4; 티토 1,3)로 나눌 수 있다.

들이 전하려 한 '선포의 내용'이고 다른 하나는 '선포의 행위'와 '선포의 방법'이다.

무엇을 가르치고 선포하였는가?

사도들은 무엇을 가르치고 선포하였을까? 루카 복음사가는 사도 베드로의 '여러 설교'(오순절 설교: 2,14-41; 솔로몬 주랑에서의 설교: 3,11-26; 최고 의회 앞에서의 증언: 4,8-12; 코르넬리우스의 집에서의 설교: 10,34-43)를 통해서 가르침의 핵심을 전하는데, 이 설교들에서는 **'예수님의 이름'**이라는 표현이 여러 차례 반복된다. 또한 사도들이, 기적과 이적을 일으키고 세례를 주는 장면에서도 **'예수님의 이름'**이 언급된다. 한편 사도들의 선교를 반대하면서 박해하는 유다의 지도자들도 '이름'이라는 단어를 거듭 사용하고 있다.

(1) 이름의 중요성

이름은 한 존재의 정체성을, 다른 모든 이들과 구별되며 세상에 단 하나뿐인 존재의 고유성을 드러낸다. 그리고 이름은 그 사람의 역사와 성격, 명성과 평판을 담고 있는 그릇이기도 하다. 지금 누군가의 이름을 머릿속에 떠올려 보자. 그 사람의 겉모습뿐만 아니라 성격, 주변 환경, 가족 관계, 그리고 나와의 추억들이 떠오를 것이다. 유명인이라면 이름만 들어도 그 사람이 풍기는 이미지를 연결할 수 있다. 이름에는 단순히 다른 사람과 구분하기 위해 붙인 것이라고 하기에는 아주 중요한 의미와 가치가 있다.

예수님의 이름을 사람들에게 전하고 가르치는 이유도 여기에 있다. 예수님의 이름을 말할 때 우리는 그분의 삶을 떠올리며 그분을 기억한다. 예수님께서 어떻게 태어나셨고 그분의 탄생이 우리에게 주는 의미는 무엇인지, 공생활을 시작하시고 사람들과 함께 생활하시면서 하느님의 나라를 전했던 말씀과 행적들은 어떠했는지 되돌아본다. 또한 우리는 그분의 수난과 죽음을 기억한다. 결국 예수님의 이름을 가르치는 목적은 그분께서 온 삶을 통해 보여 주신 사랑을 기억하게 하는 것이다. 주님의 이름, '나자렛 사람 예수'는 그분의 정체성을 드러내는 동시에, 그분이 실존 인물이며 우리와 함께 사셨고 그분의 모든 것이 거짓이 아님을 말한다.

부여된 이름에는 그에 합당한 의무와 책임이 따른

다. 우리는 종종 자신의 고유한 이름이 아닌 직책과 역할로 불리기도 한다. 필자는 사제이므로 많은 이가 필자를 '신부'라고 부른다. 또한 부모님의 아들이자 하느님의 자녀이며, 다른 사제들의 친구이고 선·후배이다. 이런 호칭과 이름은 우리에게 일정한 의무와 책임을 부여한다. 그래서 우리는 역할에 따라 각기 다른 무게의 짐을 짊어지게 된다. 또한 그 역할에 대해 공동체가 규정한 기준 앞에 서서 자신의 삶을 되돌아보고 성찰하기도 한다. 만약 어떤 사람이 자신의 이름에 걸맞지 않은 말과 행동을 보인다면, 그 사람의 권위는 땅에 떨어져 아무도 그 사람을 인정하지도, 신뢰하지도 않을 것이다.

사도행전에서 루카 복음사가는 예수님의 호칭을 다양하게 표현한다. **'나자렛 사람'**(3,6; 4,10), **'주님'** 혹은 **'메시아'**(2,36; 3,20; 5,42; 9,22), '거룩한 주님의 종'(4,27.30), '생명의 영도자'(3,15; 5,31), '구원자'(4,12; 5,31), '하느님의 아드님'(9,20), '만민의 주님'(10,36) 등이다. 이 호칭들에는 예수님에 대한 사도들의 기억과 믿음이 담겨 있다. 그분을 '주님'이며 '메시아'로, 그리고 '하느님의 아드님'으로 부르면서, 사도들은 자신이 그분의 '종'이며 '나약한 존재', '구원받아야 할 존재'임을 고백한다. 그럼으로써 그분을 믿고 따르며, 그분께 자신의 의지를 봉헌하겠다고 다짐한다.

우리는 예수님을 주님이라고 부르지만, 사실 우리의 삶과 기도를 들여다보면 그 주종 관계는 빈번하게 역전된다. 나는 예수님께 마치 빚을 받으러 온 사람처럼 굴지는 않는지 스스로에게 질문을 던져 보아야 할 것이다. 우리가 기도의 시작과 마침에 항상 바치는 십자성호는 제자들의 선포와 동일하다. "성부와 성자와 성령의 이름으로 아멘." 우리는 몸에 십자가를 그으면서, 우리를 위해 십자가 위에서 돌아가신 그분의 사랑과 희생을 기억한다. 성삼위 하느님의 이름을 부르면서 삼위일체 신앙을 고백하고, 우리의 자녀 됨을 바라본다. 성호경은 또한 나의 신앙을 다른 이들에게 보여 주고 선포하는 증거이기도 하다. 어디에서나 자신 있게 성호경을 그으며 사도들이 행했던 증언과 선포의 삶을 살아갔으면 한다.

(2) 생명의 영도자

루카 복음사가는 사도들이 증언한 예수님의 다양한 이름 중에서도 다른 복음사가들은 쓰지 않았던 독특한 이름을 사용한다. 바로 '**생명의 영도자**αρχηγος'이다. 아르케고스는 '시작하는 사람'이라는 뜻으로, 영도자領導者라는 단어의 한자 뜻풀이 역시 '앞에서 길을 이끌어 가는 사람'이다. 예수님께서는 생명으로 나아가는 길을 우리보다 앞서 걸어가는 분이심을 루카는 말하고 있다.

루카는 그의 복음서에서 예수님을 '예루살렘을 향해 걸어가는 인물'로 표현한다. 그래서 '예루살렘으로의 여정기'(루카 9,51-19,27)를 자세하고 독특하게 서술한다. 특히 루카 19,28은 "예수님께서는 … 앞장서서 예루살렘으로 오르는 길을 걸어가셨다"라고 표현한다. 예수님께 예루살렘은 죽음의 장소이며 고통과 수난의 장소이다. 예루살렘으로 올라가시기 전에 하신 두 번의 수난 예고(9,22.44-45)와 예루살렘에 거의 도착할 무렵 말씀하신 마지막 수난 예고(18,31-34)를 보더라도, 예수님께서는 예루살렘을 당신이 죽음을 맞을 장소로 알고 계셨음을 짐작할 수 있다. 또한 수난 예고 때마다 예수님께서는 '버림'에 대해서 말씀하신다(9,23; 18,29). 루카는 우리를 생명으로 이끌기 위해 먼저 생명의 길로 앞장서 가신 예수님을 조명하며, 그 길은 고통과 죽음이 뒤따른다고 말한다. 모순적이지만 예수님께서는 생명으로 나아가는 길이란 자신의 모든 것을 버리고 희생하며 목숨까지 내어놓는 죽음을 향한 길임을 우리에게 알려 주신다.

우리는 성찰해 보아야 한다. 나는 진정 예수님을 '생명의 영도자'라고 부르고 있는가? 그분께서 가신 길을 신뢰하며 따라갈 수 있는가? 예수님께서 십자가를 지고 죽음을 향하여 걸어가셨던 그 길이 생명으로 나아가는 길임을 신뢰한다면, 우리는 삶에서 당면하는 버림받음의 상처와 죽을 것 같은 고통을 인내와 희생으로 받아들일 것이다. 하지만 우리는 종종 그 고통과 죽음의 순간을 회피하고 굳이 선택하려 하지 않는다. 오히려 눈앞의 고통을 없애 달라고 예수님께 기도할 때도 많다. 더 많은 것을 가지려고, 내놓지 않고 쌓으려는 데만 골몰하여 행동하고 우리의 열정을 허비한다. 그러고서는 예수님을 우리의 '영도자'로 믿고 따른다고 입으로는 잘도 말한다. 지금 자신 앞에 닥친 고통과 아픔을 대하는 우리의 태도와 자세는 어떠한가?

어떻게 가르치고 선포하였는가?

사도들의 증언과 이를 선포한 방법에 대해서도 알아보자.

사도들은 우선, **'설교'**를 통해 그들이 체험한 예수님을 선포한다. 사람들을 개인적으로 만나 가르쳤을 뿐만 아니라 많은 사람 앞에서도 설교하였다. 그래서 루카는 사도행전에서 여러 사도의 설교를 중심으로 예수님의 삶과 그리스도교 공동체인 교회의 진리를 가르친다. 두 번째로, 공동체의 삶 속에서 **'기적과 이적'**을 일으키며 예수님께서 그리스도이심을 증언하고 선포한다. 이러한 방식은 복음서 속 예수님께서 복음을 선포하신 모습과 닮았다. 예수님께서도 나자렛에서 첫 번째 설교를 하시며 "주님의 은혜로운 해를 선포"(루카 4,19)하셨다. 가난한 이들이 복음을 듣고, 잡혀간 이들과 억압받는 이들이 해방되며, 눈먼 이들이 다시 보게 되는 하느님의 나라를 선포하신다. 또한 예수님께서는 하느님의 나라가 어떤 나라인지 당신의 말씀과 행적으로 보여 주셨다. 많은 병자를 고쳐 주시고, 마귀를 쫓아내시며, 굶주린 이들을 배불리시는 기적을 행하셨다. 그리고 헐벗은 이들과 억압받는 이들을 돌보시는 삶으로 하느님의 나라를 직접 사셨으며, 끝내 십자가의 희생을 통해 하느님의 나라는 자기 희생과 타인을 위한 사랑의 행동으로 이루어짐을 삶으로 보여 주셨다.

사도들도 말뿐만이 아니라 직접적이고 구체적인 행

동과 삶으로 선포한다. 예수님의 체포 이후 뿔뿔이 도망쳤던 비겁함은 사라지고, 용기 있고 강단 있는 모습으로 죽음과 고난을 향해 나아가는 그들은 마치 예수님처럼 하느님의 나라가 어떻게 이루어지는지 보여 준다. '증언'을 뜻하는 '마르튀리아μαρτυρία'를 '순교'로도 번역할 수 있는 것은 그 좋은 예라고 할 수 있다.

순교는 예수님의 삶을 그대로 증거하고 선포하는 행위이다. 일곱 부제 중 한 명으로서 교회 공동체에서 **처음으로 순교했던 스테파노**(사도 7,54-60)의 모습을 바라보자.

> 그들(최고 의회)은 이 말을 듣고 마음에 화가 치밀어 스테파노에게 이를 갈았다. 그러나 스테파노는 성령이 충만하였다. 그는 하늘을 유심히 바라보니, 하느님의 영광과 하느님 오른쪽에 서 계신 예수님이 보였다. 그래서 그는 "보십시오, 하늘이 열려 있고 사람의 아들이 하느님 오른쪽에 서 계신 것이 보입니다" 하고 말하였다. … 사람들이 돌을 던질 때에 스테파노는, "주 예수님, 제 영을 받아 주십시오" 하고 기도하였다. 그리고 무릎을 꿇고 큰 소리로, "주님, 이 죄를 저 사람들에게 돌리지 마십시오" 하고 외쳤다. 스테파노는 이 말을 하고 잠들었다(7,54-60).

스테파노의 죽음은 예수님의 십자가상 죽음과 굉장히 닮았다. 두 죽음 모두 유다 민족의 지도자라고 불리는 사람들의 고발과 탐욕이 빚은 결과이다. 또한 예수님과 스테파노는 "아버지, 제 영을 아버지 손에 맡깁니다"(루카 23,46) 하고 시편 31,6의 말씀을 마친 후 숨을 거둔다. 마지막으로 두 사람은 자신을 죽이려는 사람들을 위해서 하느님께 용서를 청하며 그들을 위해 기도한다(루카 23,34 참조). 이처럼 루카는 스테파노의 순교 장면을 예수님의 십자가상 죽음과 비슷하게 묘사하면서 두 장면을 오버랩시킨다.

선포와 증언은 말과 행동이 일치될 때 가능하다. 오늘날 빛과 소금이 되어야 할 교회가 세상의 질타를 받는 가장 큰 이유도 말만 무성한 모습 때문일 것이다. 말과 행동이 다른, 권위적이고 폐쇄적인 교회의 모습으로 인해 세상 속에서 그 영향력은 더욱 줄고 있다. 그럼 우리는 어떠한가? 사실 누군가를 탓하기 이전에 자신의 모습부터 성찰해야 한다. 내가 믿고 아는 것을 증언하고 선포하고 있는가? 또한 그것을 내 행동으로 보여 주고 있는가? 그래서 나의 삶은 그리스도와 얼마큼 닮아 있는가?

2. 친교

예수님을 믿는 공동체가 갖추어야 할 두 번째 덕목은 '**친교**'이다. 친교로 번역되는 그리스어 '코이노니아 κοινωνία'는 '공유하다', '남과 함께 나누다', '공통으로 소유하다', '다같이 함께'라는 뜻을 지닌다. 이에 따라 친교란 개인들이 함께 모여 살면서 친밀한 관계를 맺고 사귀며, 가진 것을 나누고 서로를 위하며 살아가는 공동체의 모습이라 말할 수 있다. 하지만 이런 친교의 공동체를 본 적이 있는가? 어쩌면 현실에는 없는, 성경에서나 볼 수 있는 이상적인 모습일지도 모른다.

사랑하는 두 사람이 만나 함께 살기로 약속한 부부 공동체를 생각해 보자. 자세히 설명하지 않더라도 부부 사이의 친교조차 그렇게 쉽지는 않음을 우리는 알고 있다. 나아가 양쪽의 원가족까지 범위를 넓혀 보면, 그 공동체 전체가 친교를 이룬다는 것은 어쩌면 불가능한 일일지도 모른다. 하물며 서로 다른 환경 속에서 다른 목적과 지향을 갖고 살아온 사람들이 모인 교회라는 공동체가 하나 되어 친교를 이룬다는 것은 너무나도 어려운 일이다. 그래서 미사 때마다 사제는 영성체 전에 교회 공동체를 바라보고 평화를 빌며 하나가 되기를 그렇게 간절히 청하는지도 모른다.

루카는 '친교'에 관해 이야기하면서 구체적으로 그 친교의 삶을 풀어 설명한다. "신자들의 공동체는 한마음 한뜻이 되어, 아무도 자기 소유를 자기 것이라 하지 않고 모든 것을 공동으로 소유하였다"(4,32). 루카는 '공동체의 친교'를 '한마음 한뜻'으로 요약한다.

어떻게 한마음 한뜻을 이루는가?

그럼 한마음 한뜻의 공동체는 어떤 모습인가? 한 가족을 상상해 보자. 엄마는 가족들과의 여행을 계획한다. 하지만 아빠는 휴일에 여행을 떠나기보다 집에서 쉬는 것이 좋다며 반대한다. 딸은 친구들과 함께 시간을 보내는 것이 더 좋아 엄마의 제안을 부담스러워한다. 아들은 집에 남아 과제를 해야 한다고 말하지만 사실은 집에서 그냥 게임을 하고 싶다. 이렇게 작은 일에서조차 가족이 한마음 한뜻을 이루지 못한다.

한마음 한뜻이 되기 위해서는 먼저 **지향점이 같아야 한다.** 사실 이 가족 구성원 모두는 '쉼'을 원하고 있다. 각자 지향하는 방법이 다를 뿐이니 그 지점을 한번 새롭게 설정해 보자. 지향점을 '함께함'으로 놓고, 이를 같이 바라본다면 한뜻을 이루기 위한 가능성이 열린다. 곧, 가족 모두가 함께하면서도 쉴 수 있는 방법을 찾을 것이다. 그다음으로는 **상대의 의견을 들어야 한다.** 같은 목표를 보더라도 그것을 실행하려는 방법이 서로 다를 수 있다. 이럴 때는 먼저 내 의견을 이야기하기보다 상대의 의견을 들어주고 마음을 알아 가야 한다. 이어서 가장 중요한 것은 **자신의 생각과 마음을 굽히는 것이다.** 한마음 한뜻이 되기 위해서는 누군가 자신의 생각을 포기하고 뜻을 굽혀야 한다. 자신이 가진 것을 내려놓아야 한다. 여행을 떠나기로 결정하더라도, 어디에 가서 무엇을 할지, 어디에서 자고 무엇을 먹을지, 어떤 것을 사고 어떻게 즐길지를 결정하기 위해서는 한 번의 포기나 한 사람의 희생만으로는 부족하다. 여행을 마칠 때까지 끊임없이 내려놓고 서로 희생해야 한마음 한뜻으로 친교를 나눌 수 있다.

교회는 친교의 시간을 나누자는 이야기를 많이 한다. 그러고는 술이나 한잔하며 웃고 떠드는 시간만 보낸다. 하지만 교회의 친교는 성삼위 하느님께서 보여 주시는 그것에 참여함이란 의미를 갖는다. 곧 상호 소통, 희생과 사랑의 나눔이 진정한 교회의 친교이다. 우리는 먼저 내가 무엇을 희생하고 내려놓을 수 있을지 생각해야 한다. 그렇게 공동체의 구성원 모두가 희생하려는 마음을 가질 때, 불가능할 것 같은 친교의 삶이 이루어질 수 있다. 희생의 마음이란 바로 '사랑'하는 것이다. 공동체와 그 구성원들을 더 많이 사랑하는 사람이 더 빨리, 더 많은 것을 내려놓는다. 그리스도 예수님을 믿고 따르는 교회 공동체는 반드시 친교의 삶을 살아야 한다. 그러기 위해 더 많이 사랑하고 더 많이 마음을 나누어서 모두 한마음 한뜻이 되었으면 한다.

왜 친교를 이루지 못하는가?

사도행전에서는 '한마음 한뜻'이 되지 못하고 다른 생각을 품은 사람의 이야기를 전한다. 특히 하나니아스와 사피라 부부의 이야기(5,1-11)는 자신의 것을 포기하지 못하여 친교를 거스르는 모습을 보여 준다. 이 부부는 그들만의 공동체 안에서는 한마음 한뜻이 된다. 하지만 그들의 지향점은 자신들만을 위한 탐욕에 맞추어져 있다. 그래서 공동체를 위해서 자신의 것을 전부 내어놓지 못한다.

베드로는 이들의 이러한 마음을 "사탄에게 마음을 빼앗겨 성령을 속이는" 것이라 말한다. 자신만을 위해 재물을 숨기는 것은 악에게 마음을 빼앗긴 상태이다. 사실 그 누구라도 자신의 것을 포기하기는 쉽지 않다. 그리고 적당한 욕망과 자신의 삶에 대한 갈망은 더 나은 모습으로 살아가기 위한 추진력이 되기도 한다. 하지만 그런 욕망과 열정을 잘 다스리지 않으면, 자신의 것을 절대 내려놓지 못하는 탐욕과 욕망덩어리로 변하게 된다.

혹시 '금어초'라는 꽃을 아는가? 이 꽃은 용의 입을 닮았다고 하여 영국에서는 스냅드래곤Snapdragon이라 불리고, 우리나라에서는 화려한 색깔의 지느러미를 움직이며 헤엄치는 금붕어를 닮았다고 해서 '금어초'라는 이름으로 불린다. 하지만 이 금어초는 시들면 공포스러운 해골 모양으로 변한다. '해골꽃'이라고도 불린다. 그래서 금어초의 꽃말은 '탐욕', '욕망'이다. 우리의 탐욕과 욕망도 그렇게 잘 가꾸지 않으면 죽음의 도구가 되어 버린다. 자신의 것만을 탐하여 그것을 꼭 붙들고 내어놓지 않을 때, 우리는 악의 세력에게 우리의 전부를 빼앗기는 것이며, 하느님을 속이고 성령을 거부하는 것이다. 친교는 그렇게 자신의 것을 내어놓는 것에서부터 시작된다.

공동체 안에서 친교를 거스르는 모습은 '일곱 봉사자를 뽑는 장면'(6,1-7)에서도 찾아볼 수 있다. 많은 사람이 모여 공동체를 이루어, 가진 것을 나누고 한마음 한뜻으로 살아가려 한다. 하지만 어디선가 '불평'이 터져 나오기 시작한다. 누구는 더 받고 누구는 덜 받기 때문이다. 각자에게 필요한 만큼 나누어 주는 것, 각자에게 마땅한 몫을 돌려주는 것, 이것이 바로 '정의'이다. 그 정의가 실현되지 않았다는 것은 일차적으로 배급하는 사람의 문제일 수 있다. 책임을 맡은 사람이 그 의무를 다하지 않고 정의롭지 못했기 때문이다(나눔에 대한 이야기는 세 번째 덕목인 '나눔과 봉사'에서 다루겠다). 하지만 때로는 배급하는 사람이 차별 없이 나누었다고 하더라도 일부 사람들은 자신이 더 적은 양을 받았다고 느끼기도 한다. 남의 떡이 더 커 보이는 법이기 때문이다.

타인과 나를 비교할 때, 공동체의 친교를 거스르는 시기와 질투가 생겨난다. 그리고 이 시기와 질투 또한 남보다 내가 더 가지려는 욕망에서 시작된다. 시기하고 질투하는 사람은 내가 가진 것에 관심을 갖고 감사하기보다, 언제나 남의 것에만 관심을 가진다. 나아가 그것을 빼앗고 싶어하거나 가지지 못한 데 대한 아쉬움과 실망으로 자신을 어둠에 몰아 넣는다. 사실 시기와 질투는 누구나 다 가지고 있는 마음이다. 하지만 그 마음 때문에 지금 가지고 있는 것, 누리고 있는 것에 대한 감사를 잊고 주위를 바라볼 여유를 잃을 때, 불평불만이 대화의 주제가 되고, 험담과 비판만이 공동체에 난무하게 된다. 누군가가 선한 일을 하고 공동체를 위해 희생하여도, 시기와 질투에 눈이 먼 사람에게는 위선으로만 보일 것이다.

사도들이 박해를 당하는 원인도 바로 유다 지도자들의 시기심이다. "그들은 시기심에 가득 차 사도들을 붙잡아다가 공영 감옥에 가두었다"(5,17-18). 예수님을 십자가의 죽음으로 내몰았던 것도 그들의 시기심 때문이었다. 그들은 사람들의 시기심까지 부추겨서 공동체를 분열시켰다. 그 시기심은 이제 당황스러움(5,24 참조)과 두려움(5,26 참조)으로 발전하고, 결국 폭력성(5,33: "그들은 이 말을 듣고 격분하여 사도들을 죽이려고 하였다")으로 끝맺는다. 공동체가 한마음 한뜻으로 친교를 이루기 위해서는 시기심을 경계해야 한다. 비교하지 말아야 한다. 자신이 받은 것, 자신에게 주어진 것에 감사드리고 그 감사함의 시선으로 주위를 바라보면, 자연스럽게 가난한 이웃에 대한 미안함과 자신의 것을 나누려는 마음이 생길 것이다. 이럴 때 공동체의 친교는 이루어질 수 있다.

3. 나눔과 봉사

교회의 삶은 마음만이 아니라 실제적으로 자신이 가진 것의 나눔을 강조한다. 이런 나눔이 바로 '봉사'이다. '일곱 봉사자를 뽑아 세우는 이야기'(6,1-7)를 다시 한번 살펴보자.

> 그리스계 유다인들이 히브리계 유다인들에게 불평을 터뜨리게 되었다. 그들의 과부들이 매일 배급διακονία을 받을 때에 홀대를 받았기 때문이다. 그래서 열두 사도가 제자들의 공동체를 불러 모아 말하였다. "우리가 하느님의 말씀을 제쳐 놓고 식탁 봉사διακονία를 하는 것은 바람직하지 않습니다. 그러니 형제 여러분, 여러분 가운데에서 평판이 좋고 성령과 지혜가 충만한 사람 일곱을 찾아내십시오. 그들에게 이 직무τῆς χρείας ταύτης를 맡기고, 우리는 기도와 말씀 봉사διακονία에만 전념하겠습니다"(6,1-4).

배급으로서의 봉사

디아코니아διακονία라는 단어는 단순히 '봉사'라고만 번역되지 않는다. 첫째로, 1절에서 디아코니아는 '배급'이라는 의미로 번역된다. 배급은 '나누어 주는 것'이다. 나누어 주되 받을 것을 생각하지 않는 것이다. 자신의 것을 채우고, 쌓을 것을 염두하며 배급하지 않는다. 그래서 봉사는 가장 기본적으로 '주는 것'이다. 이 봉사와 나눔을 통해 나의 명성과 더 많은 이익을 쌓고, 하느님께 더 큰 은총을 받겠다는 마음을 버리는 것이다.

사마리아에서 복음을 전하는 사도들의 이야기(8,4-40)에는 봉사의 직무로 사적인 욕심을 채우려는 사람인 '마술사 시몬'이 등장한다. 마술을 부리는 시몬은 나름 유명한 사람이었다. 하지만 어디까지나 자신의 욕심을 채우는 돈벌이로써 사람들을 놀라게 하였을 뿐이다. 더 큰 돈을 가지려는 것도, "하느님의 힘"(8,10)을 얻으려는 것도 모두 자신의 유익을 위한 것이다. 만약 누군가가 자신에게 도움을 줄 수 있는 사람, 자신과 이해관계에 있는 사람에게 배급을 준다고 생각해 보자. 주는 것이 목적이 아니라 자신이 돌려받을 것을 생각한다면 그 배급이 공정

Ⅲ. 믿음의 공동체, 교회의 삶

할 수 있을까? 사익을 고려한 그 나눔에서 누가 정의롭게 행동할 수 있다고 장담하겠는가?

우리의 봉사도 다시 한번 되돌아보아야 한다. 어떤 어머니가 사제에게 자신의 아이가 꼭 복사를 했으면 좋겠다고 간곡히 부탁하였다. 그 이유를 물어보니 제대 위에 올라가 신부님 옆에서 미사를 드리면, 하느님께서 아이에게 더 큰 복을 내려 주실 것 같다고 대답하였다. 당연히 미사에 복사를 서기 위해서는 자신의 마음을 봉헌하고, 시간과 노력을 들여 희생해야 한다. 하지만 봉사의 목적이 하느님께 복을 받기 위한 것뿐이라면, 그것이 진정한 봉사일지 스스로 물어봐야 한다. 우린 무엇 때문에 봉사하는가? 더 많은 복을 받기 위해서, 내 이름을 더 빛내기 위해서, 사람들에게 '아! 그 사람은 참 봉사를 많이 해. 착한 사람이야!'라고 칭찬을 듣기 위해서 봉사를 한다면, 이는 돌려받을 것을 생각하며 배급하는 사람과 다를 바 없다.

나눔으로서의 봉사는 언제나 상대에게 집중하고 공감하는 마음에서 비롯된다. 자신이 바라는 것에 집중하는 것이 아니라 상대가 무엇을 원하는지, 어떤 상황과 어려움 속에 있는지 바라보는 것에서 시작해야지만 나눔과 봉사의 의도가 퇴색하지 않는다. 우리는 상대를 바라보면서도 실은 내 이익과 욕심만을 생각하는 경우가 있다. 예수님께 기도하는 중에도 나의 욕심만을 바라보며 남이야 어떻든, 피해를 입거나 상처를 받든 말든 상관하지 않으며 바람을 청할 때도 있다. 그러나 우리는 먼저 타인을 바라보는 습관을 가져야 한다. 예수님께서 보여 주셨던 십자가의 희생과 나눔의 삶은, 먼저 타인을 바라보고 '가엾은 마음'이 드는 공감에서부터 시작한다.

공감은 단시간의 노력과 의지만으로 가능한 일이 아니다. 오랫동안 상대의 말뿐 아니라 몸짓, 표정 등 모든 것에 온전히 집중하여 경청하는 노력이 있을 때 공감 능력이 성장한다. 공감하는 태도는 예수님의 시선으로 상대를 바라보게 하고, 그의 안타까운 상황에 함께 눈물 흘리며 위로하고, 모두가 행복할 수 있는 사랑의 기회를 마련해 준다. 또한 우리는 공동체 안에서 누가 가장 어렵고 힘든 사람인지, 공동체에 지금 가장 필요한 것은 무엇인지 바라보려 노력해야 한다. 예수님께서도 갚을 능력이 없는 사람에게 꾸어 주고 나누어 주는 것이 진정한 사랑이라고 말씀하셨듯이, 보상받을 생각을 하지 않고 나누는 것이 바로 진정한 봉사의 삶이다. 사도행전에서 바오로 사도는 '에페소 원로들에게 작별 인사'(20,17-38)를 하면서 진정한 봉사의 삶을 살아갈 것을 마지막으로 당부한다.

> 나는 모든 면에서 여러분에게 본을 보였습니다. 그렇게 애써 일하며 약한 이들을 거두어 주고, '주는 것이 받는 것보다 더 행복하다'고 친히 이르신 주 예수님의 말씀을 명심하라는 것입니다(20,35).

직무로서의 봉사

둘째로, 사도들은 교회 안에서 하는 자신들의 봉사를 '식탁 봉사'(6,2)와 '기도와 말씀 봉사'(6,4)로 나눈다. 그런데 루카 복음사가는 식탁의 봉사를 '이 직무τῆς χρείας ταύτης'라는 말로 다시 지칭하면서 '봉사'와 '직무'를 같은 의미로 사용하고 있다. 더 확실한 근거는 마티아를 사도로 뽑는 장면(1,15-26)에서 드러난다. 베드로는 사도의 역할을 소개하면서, "유다는 우리 가운데 한 사람으로서 우리와 함께 이 직무τῆς διακονίας ταύτης를 받았습니다"(1,17; 참조 1,25)라고 설명한다. 6장에서는 '직무'라는 단어로 '크레이아χρεία'를 쓰지만, 1장에서는 '디아코니아διακονία'를 사용한다. 봉사는 직무이다. 직무란 직책이나 직업상 책임지고 맡은 일을 말한다. 내가 하고 싶어서 하고, 하기 싫다고 하지 않는 그런 일이 아니다. 이는 의무적으로 반드시 해야만 하는 일이다. 여력이 있어서, 시간이 남아서, 친분 때문에 봉사를 하는 것이 아니다.

교회 안에서 다양한 봉사의 직무를 맡게 될 때가 있다. 신부와 수녀의 권유로, 아니면 사람이 없어서, 아니면 해 왔던 일이기에 그 직무를 맡는다. 그런 상황 속에서 '기꺼이' 봉사의 직무를 수락하는 사람이 몇이나 될까? 사제로서 순명의 정신을 살아가는 필자도, 주교님의 명에 따라 발령지로 가야 할 때는 당연히 불만과 두려움, 걱정이 앞선다. 그러니 순명 서원을 하지 않은 일반 신자들이 기꺼이 봉사의 직무를 받아들이기란 더군다나 쉽지 않을 것이다.

하지만 봉사는 선택이 아니다. 모든 그리스도인에게 봉사는 의무임을 유념해야 한다. 걱정과 두려움이 앞설 수도 있지만 항상 그리스도 예수님께서 그 봉사의 삶에 함께해 주심을, 성령께서 그 직무의 삶을 이끌어 주심을 믿고 의지해야 한다. 그래서 직무자를 뽑을 때는 언제나 성령께서 그 역할을 하셨고, 사도들은 기도와 안수로써 새로운 직무자를 선택하였다(1,24; 6,6 참조). 봉사를 하다 보면 이해받지 못하고 홀로 걷는 것만 같을 때가 있다. 그럴 때면 떠올려 보자. 봉사의 걸음은 혼자 내딛는 것이 아님을. 교회 공동체가 우리와 함께 걷고 있음을 알고 묵묵히, 그리고 꾸준히 한 발짝씩 내디뎠으면 한다.

4. 기념과 기억을 위한 전례

빵을 떼어 나눔, 기념과 기억의 행위

마지막으로 교회 공동체가 가져야 할 덕목은 교회의 공식 예식인 전례Liturgia이다. '빵을 떼어 나눈다'(사도 2,42.46)는 표현은 단순히 식사를 위해 먹는 것만 의미하지 않는다. 루카는 이 표현을 통해 예수님께서 돌아가시기 전날 밤에 사도들과 빵을 나누신 일(루카 22,14-20)을 떠올려 준다.

> 예수님께서는 또 빵을 들고 감사를 드리신 다음, 그것을 떼어 사도들에게 주시며 말씀하셨다. "이는 너희를 위하여 내어 주는 내 몸이다. 너희는 나를 기억하여 이를 행하여라"(루카 22,19).

'빵을 떼어 나누는 행위'는 예수님의 명령에 따라 예수님과 사도들이 나누었던 **최후의 만찬을 '기억하고 기념'**하는 것이다. 이 예식을 행함으로써 공동체는 예수님께서 모든 인류를 위해서 당신 자신을 희생하셨던 십자가의 구원과 사랑을 기억한다. 또한 그 기억을 통해, 지금 우리도 당신의 모습을 본받아 남을 위해 희생하고, 당신이 걸었던 그 길을 따라 다짐과 증언의 삶을 살기를 준비하는 것이다. "이 집, 저 집"(2,46)이라는 표현을 보면, 이 잔치가 이루어지는 곳은 '가정집'임을 알 수 있다. 가정집은 각자의 삶의 공간이자 머물며 함께 살아가는 공간으로, 즉 초기 교회 공동체는 각자의 삶의 자리에서 함께 모여 이 예식을 행한 것이다. 특히 바오로는 신자가 되는 그 지역의 사람들(필리피의 리디아: 16,15 참조; 코린토의 티티우스 유스투스: 18,7 참조)의 집에서 머물면서 선교 활동을 한다. 그곳에 머물면서 바오로 사도도 '빵을 떼어 나누는 예식'을 거행하였을 것이다. 예식이 어떻게 거행되었는지는 '트로아스에서 에우티코스를 되살리는 이야기'(20,7-11)에서 찾아볼 수 있다.

공동체의 잔치는 단순히 빵을 떼어 나누는 예식만 행하지는 않았던 것 같다. 공동체는 사도들의 복음 말씀과 가르침을 들은 뒤 함께 빵을 떼어 나누는 예식을 행하였다. 지금 우리가 드리는 미사 성제가 말씀 전례와 성찬 전례로 나누어져 있는 것과 유사하게 초 세기의 그리스도교 공동체도 말씀과 잔치를 함께 거행했다고 볼 수 있다. 사도들의 설교와 가르침은 예수 그리스도의 삶을 기억하는 것이었다. 그분의 삶과 가치를, 사랑과 희생을 잊지 않고 그분을 따르는 제자로서의 모습을 배워 나가는 것이다. 그뿐만이 아니라 잔치의 예식을 행하면서 예수님께서 언제나 우리와 함께 계심을, 그리고 두려움과 역경의 일상에서 우리를 구원해 주심을 전하고 있다. 루카는 바오로 사도가 로마로 가던 중 일어난 '바다에서 폭풍을 만나 배가 좌초되는 사건'(27,13-44)에서 유비적으로 그 의미를 전달한다.

두려움과 걱정의 순간에도 빵을 떼어 함께 나누는 그리스도의 만찬을 재현함으로써 그들은 용기와 희망을 가지게 된다. 우리의 삶에서도 전례적 행위를 통해 그런 힘과 용기를 얻을 수 있음을 루카는 시사한다. 기념한다는 것은, 과거에 이루어진 하느님의 구원 업적을 지금 예식에 참여하고 있는 사람들을 위해 현재로 바꾸어 놓는 것이다. 예수님의 위로와 용기, 사랑과 희생, 그리고 구원과 강력한 힘이 지금 힘들고 아파하고 걱정하는 우리의 현실에 다가오게끔 하는 것이다. 그러한 예식은 자신을 새롭게 바라보고, 고통을 주었던 세상을 견디어 내며, 미움과 분노로 가득했던 마음을 용서와 사랑으로 바꾸는 시간이 된다. 교회에서 이루어지는 전례를 통해서 우리 또한 그런 현재성을 바라보아야 한다. 지금 나와 함께 계시면서 나에게 힘을 주시는 예수님의 모습을 전례 안에서 바라봄으로써, 예수님의 증인으로서 세상에 파견되는 우리가 되는 것이다.

기도는 기억으로부터

그리스도를 믿는 공동체는 "기도하는 일에 전념"(2,42)하고 "하느님을 찬미하며 온 백성에게서 호감을 얻었다"(2,47). 초월적 존재에게 자신의 원의를 청하는 기도는 그 존재에 대한 믿음이 전제되어야 한다. 내가 청하면 무엇이든지 들어주신다는 믿음과 신뢰가 기도의 토대이다. 그 믿음과 신뢰는 경험에서 비롯된다. 부모로부터 전해진 경험도 있지만, 무엇보다 자신이 살아오면서 체험하고 느꼈던 초월적 존재에 대한 강렬한 경험이 있어야 그 믿음은 흔들리지 않는다. 그래서 기도는 기억에서 비롯된다. 하느님과 만났던 과거의 체험을 기억할 때, 그때 나에게 해 주셨던 것처럼 지금도 나를 이끌어 주실 거라고 굳게 믿으며 하느님께 매달리게 된다. 사도들도 예수님과 함께 지냈던 기억을 통해 예수님의 이름으로 많은 기적을 일으키고, 두려움 속에서도 자신감 있게 예수님을 전한다. 그래서 성령강림 이전 두려움에 떨었던 제자들은 "한마음으로 기도에 전념"(1,12; 참조 기도하는 사도들: 1,12-14)하며 성령께서 함께해 주시기를 청하였을 것이다. 중요한 선택의 순간(마티아 사도를 뽑을 때: 1,24; 일곱 봉사자를 뽑을 때: 6,6)에도 제자들은 기도하고 그들에게 안수한다.

또한 기도는 하느님께 감사하며 하느님을 찬미하는 예배이다. 내가 할 수 없는 일을 하느님께서 해 주셨기에, 내 능력이 아닌 예수님의 힘과 능력으로 기적이 일어났기에, 나를 통해 당신의 힘이 드러났기에, 기도로 감사드리는 것이다. 이런 기도의 내용은 베드로와 요한이 최고 의회에서 증언하고 풀려난 이후 '공동체가 하느님께 기도하는 장면'(4,23-31)에서 찾아볼 수 있다.

이들의 기도는 기억으로 시작한다. 하느님을 창조주로서 언급하고 구약의 시편에서 노래했던 그 노래를 인용한다(4,24-26; 참조 시편 2,1-2). 그리고 예수님의 죽음을 기억하면서 그 예언과 구원의 모습이 이루어졌음을 찬양한다(4,27-28). 그러고서 그들이 처한 위험 속에서도 담대히 말씀을 전하고, 예수님의 증인인 사도로서 살아가도록 청한다(4,29-30). 우리의 기도를 바라보자. 우리는 하느님께서 우리에게 해 주셨던 그 일을 기억하고 있는가? 하느님과의 만남을 간직하고 있는가? 우리는 그 기억을 통해서 흔들리지 않는 믿음을 가질 수 있다. 또한 그 기억을 통해 하느님께 감사를 드리며 찬미할 수 있다.

IV

박해와 순교, 그리스도를 믿는 삶

1. 그리스도를 따라 걷는 십자가의 길

그리스도인은 '생명을 향해 나아가시는 영도자 예수 그리스도를 따르는 사람'이다. 죽음을 향하여 묵묵히 예루살렘으로 걸어가셨던 예수님의 여정을 의심 없이 따라가는 것, 십자가의 고통을 피하지 않고 온 힘을 다해 죽음을 맞이하신 분을 따라가는 것, 자신의 안녕을 위해 살지 않고 모든 이를 위해 작은 것 하나까지 희생하신 분을 따라가는 것이 바로 그리스도인의 길일 것이다.

사도행전을 써 내려가는 루카 복음사가는 '예수님의 십자가 여정'을 사도들 역시 따라 걷고 있음을 보여 준다. 성령강림 후 예루살렘에서 복음을 전하며 예수님의 증인으로 살아가는 사도들에게 투옥과 생명의 위협은 필연적일 수밖에 없다.

박해의 시작

우선, 예루살렘에서 그리스도인들이 본격적으로 박해(8,1-3)를 받기 전, 사도들이 유다인들에게 당했던 반대와 박해를 정리해 보자.

사도들	박해자	박해의 이유	박해의 내용
베드로, 요한 (4,1-22)	사제들, 성전 경비대장, 사두가이	부활에 대한 가르침이 불쾌해서	- 감옥에 가둠 - 최고 의회 앞에서 신문 - 예수님의 이름으로 가르치지 말라고 경고
사도들 (5,17-42)	대사제와 그의 모든 동조자 (사두가이파)	시기심에 가득 차서	- 감옥에 가둠 - 대사제 앞에서 신문 - 사도들을 죽이려고 시도 - 매질 - 가르침 금지와 경고

스테파노 (6,8-8,1)	회당에 속한 사람 몇 명	사람들을 선동하여 거짓 증언을 하게 함 (논쟁에서 이길 수 없었기 때문에)	- 최고 의회 앞에서 신문
	최고 의회에 모인 이들	마음에 화가 치밀어 올라 이를 갈았음	- 성 밖으로 몰아 낸 후 돌을 던져 죽임

예루살렘에서 사도들이 당한 거부와 박해는 예수님의 수난과 죽음과 매우 닮았다. 먼저, **박해의 원인**은 시기심과 분노이다. 자신의 권위와 명예를 실추하기 때문에, 사람들에게 받을 칭찬과 인기를 빼앗아 가기 때문에, 율법을 통해서 지켜 왔던 지위와 권력이 사라질 것이 두렵기에 유다인들은 예수님과 사도들을 죽음으로 몰아넣었다. **박해하는 인물**들도 같다. 백성의 지도자 중 바리사이와 사두가이, 로마인들과 회당의 유다 지도자들은 각기 다른 생각과 신념을 가진 자들이다. 하지만 그들은 박해에 동조하고 뜻을 모은다. 사도들이 당한 **박해의 모습**도 비슷하다. 박해자는 백성들을 선동하고, 거짓 증언을 통해 감옥에 가

두며, 신문하여 재판한다. 마침내는 분노에 못 이겨 예수님을 향해 "십자가에 못 박으시오!"(루카 23,21)라고 외쳤던 것처럼, 돌을 들어 직접 사람을 죽인다. 사도는 예수님을 따르고 그분의 복음을 전하는 증인으로서, 기적을 일으키고 말씀을 선포하며 공동체를 이루는 모습뿐만 아니라, 수난의 길을 걸으시고 모든 사람을 위해 희생하고 돌아가셨던 예수님의 죽음까지도 닮아 가야 한다고, 루카는 말한다.

박해받는 바오로의 선교

바오로 사도 역시 자신의 선교 여정 안에서 끊임없이 쫓겨나고 죽을 고비를 넘긴다.

선교지	박해의 내용
1차 선교 여행	
피시디아 안티오키아 (13,13-52)	유다인들은 사람들을 선동하여 바오로와 바르나바를 박해하게 만들어 그 지방에서 내쫓았다

이코니온 (14,1-7)	다른 민족 사람들과 유다인들이 사도들을 괴롭히고 돌을 던져 죽이려고 하였다
리스트라 (14,8-20)	유다인들이 몰려와 군중을 설득하고 바오로에게 돌을 던졌다
2차 선교 여행	
필리피 (16,16-40)	군중도 합세하여 바오로와 실라스를 공격하자, 행정관들은 그 두 사람의 옷을 찢어 벗기고 매질을 많이 하게 한 뒤 감옥에 가두었다
테살로니카 (17,1-9)	유다인들이 시기하여 군중을 선동하고, 야손의 집으로 몰려가 바오로 일행을 백성 앞으로 끌어내려고 그들을 찾았다
베로이아 (17,10-15)	유다인들은 바오로가 베로이아에서도 하느님의 말씀을 선포한다는 것을 알고, 그곳까지 가서 군중을 선동하고 자극하였다
코린토 (18,1-17)	유다인들이 합심하여 들고일어나 바오로를 재판정으로 끌고 가서, 고발하였다
3차 선교 여행	
에페소 (19,21-40)	사람들은 바오로의 동행인 마케도니아 사람 가이오스와 아리스타르코스를 붙들어, 일제히 극장으로 몰려갔다

로마로의 압송	
예루살렘 성전 - 바오로의 체포 (21,27-36)	유다인들은 바오로를 붙잡아 성전 밖으로 끌어냈다. 그들이 바오로를 막 죽이려고 할 때, 온 예루살렘에 소동이 일어났다는 보고가 그곳 부대의 천인대장에게 올라갔다. 군중은 "그자를 없애라" 하고 외쳐 댔다
천인대장 앞 (21,37-22,29)	유다인들은 "저런 자는 살려 두어서는 안 된다" 하고 말하였다
최고 의회 (22,30-23,22)	유다인들은 바오로를 죽이기 전에는 먹지도 않고 마시지도 않겠다고 하느님을 두고 맹세하였다
펠릭스 총독 앞 (24,1-27)	유다인들은 바오로를 흑사병 같은 자, 소요를 부추기는 자, 나자렛 분파의 괴수로 총독에게 고발한다
로마 (28,17-31)	"형제 여러분, 나는 예루살렘에서 죄수가 되어 로마인들의 손에 넘겨졌습니다"

어찌 보면 바오로가 예수님의 사도로서 살아가기 시작한 이후, 하느님의 말씀을 선포하고 기적을 일으키며 행복하고 즐거웠던 시간보다 사람들에게 쫓겨 도망 다니고 감옥

에 갇히며 죽을 고비를 넘긴 때가 더 많은 듯하다. 하지만 이런 시련과 난관이 바오로의 열정을 식히지는 못했다.

그리스도가 걸은 고난의 길

사도들도 자신들에게 이런 박해와 시련이 닥쳐올 것을 알고 있었을 것이다. 하지만 그리스도 예수님께서도 그 고난의 길을 걸어가셨기에, 그들은 예수님을 따라 묵묵히 걸어간다. 바오로 사도는 자신의 마지막 여정인 3차 선교 여행에서 에페소 원로들과 작별 인사를 나누는데(20,17-38), 시련에도 꺾이지 않는 그의 열정을 잘 보여 준다.

> 이제 나는 성령께 사로잡혀 예루살렘으로 가고 있습니다. 거기에서 나에게 무슨 일이 닥칠지 나는 모릅니다. … 그러나 내가 달릴 길을 다 달려 주 예수님께 받은 직무 곧 하느님 은총의 복음을 증언하는 일을 다 마칠 수만 있다면, 내 목숨이야 조금도 아깝지 않습니다(20,22.24).

이런 바오로 사도의 열정은 죽음을 향하여 끊임없이 걸

어가시는 예수님의 결연한 의지와도 닮았다. 예수님께서는 예루살렘에서 당신이 죽을 것을 아시면서도 계속해서 그곳으로 가시면서(루카 9,51; 13,22; 17,11; 18,31; 19,28 참조), 그 어떤 것도 당신의 길을 막을 수 없다고 말씀하신다(루카 13,32-33).

그리스도 예수님께서 당신의 사명을 잘 알고 계셨듯이, 사도로서 살아가야 하는 우리도 삶 속에서 만나는 시련과 고통에 의연한 모습을 취해야 한다. 세상 속에서 예수님을 증언하고 복음을 전하며 살아가려는 그리스도인들에게, 박해와 고통은 선택이 아닌 숙명임을 명심해야 한다. 시련과 고통, 반대와 손가락질을 우리는 어떻게 받아들이고 있는가? 피하고 벗어나려 기도하는가? 어쩌면 우리는 당신의 고통 하나 해결하지 못하고 맥없이 십자가에서 돌아가신 예수님을 바라보며, 내 고통을 없애 달라고 기도하는 어리석은 일을 저지르고 있는지도 모른다. 자신의 행복만을 바라보는 세상의 시선과 달리, **그리스도인들은 지금 여기에 닥친 고통의 이면을 직시해야** 한다. 그럴 때 우리는 고통과 죽음이 만연한 이 세상에 예수님께서 주시는 행복과 기쁨의 신비가 감추어져 있다는 사실을 깨닫게 될 것이다. 우리는 예수님께서 말씀하신 것처럼 "인내로써 생명"(루카 21,19)을 얻어야 한다. 박해와 고통을 인내하기 위해서, 우리는 사랑해야 한다. 사랑은 오래 참을 수 있게 한다. 사랑은 남을 살리기 위해 내가 죽으면서 기뻐할 수 있다. 그리고 사랑은 가난하고 굶주리고 슬퍼하면서도 행복할 수 있다(루카 6,20-21 참조).

2. 그리스도를 닮은 죽음의 길

박해자? 순교자?

그리스도인들에게 박해는 숙명과도 같지만, 실상 우리의 모습은 순교자이기보다 사도들을 죽음으로 내몬 박해자와 가깝지 않을까? 먼저 사도들이 박해받은 이유를 살펴보자. 유다인들은 시기심 때문에 사도들을 못마땅하게 여긴다. 자신들의 권위와 명예를 그들이 실추한다고 생각한 것이다. 스테파노를 죽음으로 내몰았던 이유도, 그들의 자존심 때문일 수 있다. 또한, 분노를 이기지 못하고 잘못된 행동을 하기도 한다. 바오로 사도는 한때 자신과 다른 신념을 지녔다는 이유로 그리스도인들을 차별하고 박해했다. 편을 나누어 우리 쪽에 서지 않으면 무조건 틀렸다고, 나쁘다고 생각하며, 자신이 무엇을 저지르는지도 모르면서 박해에 앞장선다. 때로는 돈에 대한 욕심 때문이기도 하다. 바오로는 선교 여행 중 필리피에서 하녀에게 들린 점귀신을 쫓아낸 적이 있다. 그런데 그 하녀는 점을 쳐서 주인에게 큰 돈벌이를 해 주고 있었기 때문에, 더 이상 돈을 벌지 못하게 된 하녀의 주인은 바오로를 고발한다(16,16-24 참조). 에페소에서도 아르테미스 숭배가 우상숭배라고 가르친 바오로 때문에 신당 모형을 만들던 은장이들이 돈을 벌 수 없게 되자 소동을 일으킨다(19,23-29 참조).

　물질만능의 시대, 인간의 가치가 돈으로 매겨지고 더불어 살아가는 것보다 개인 삶의 보호가 더 중요시되는 세상, 남을 짓밟지 않으면 낙오자라는 꼬리표가 달리는 무한 경쟁 사회 속에서, 우리는 의식하지 못한 채 순교자가 아닌 박해자의 모습으로 살아가고 있지는 않은가? 십자성호를 가슴에 그으며 되새겨 보자. 그리고 사도들이 걸었던 그 길, 예수님을 따라 나아갔던 그 길을, 지금 우리도 한 걸음씩 내디뎌 보자.

그리스도의 죽음과 스테파노의 순교

스테파노가 회당에서 쫓겨나 성전 문밖에서 죽임을 당한 첫 순교 사건은 교회 공동체에 중요한 의미를 가진 전환점이 된다. 스테파노의 죽음으로 예루살렘 공동체는 크게 박해받기 시작하고, 더 이상 예루살렘에서 복음을 증언하기 어려워져 인근 지역인 유다와 사마리아로 흩어지게 된다(8,1). 그중 몇 사람은 유다와 사마리아 지역에만 머물지 않고 페니키아와 키프로스, 안티오키아까지 가서 복음을 전한다(11,19). 복음을 전하는 장소와 대상도 회당과 유다인에만 한정되지 않는다. 필리포스는 에티오피아 내시에게 세례를 주고(8,26-40 참조), 베드로는 로마군의 백인대장이었던 코르넬리우스와 그의 가족들에게 복음을 선포한다(10,1-48 참조). 또한 바오로는 유다인뿐 아니라 모든 민족을 복음 선포의 대상으로 삼는다.

루카 복음사가는 스테파노의 순교를 통해 우리에게 특별한 의미를 전달하려 한다. 그래서 루카는 스테파노의 죽음을 예수님의 죽음과 굉장히 비슷하게 서술한다. 이를 비교해 보자.

공통점	영도자이신 '예수님' (루카복음서)	영도자를 따르는 '스테파노' (사도행전)
하느님의 사람	- 지혜가 충만, 하느님의 총애를 받음(2,40) - 지혜와 키가 자랐고 하느님과 사람들의 총애도 커 감(2,52)	- 은총과 능력이 충만(6,8) - 그의 말에서 드러나는 지혜와 성령에 대항할 수 없음(6,10)
	- 성령의 힘을 지님(4,14)	- 믿음과 성령이 충만한 사람(6,5) - 성령이 충만(7,55)
유다인의 고발	- 민족들을 선동하며 황제에게 세금을 내지 못하게 막고 자신을 메시아, 곧 임금이라고 칭했다고 고발(23,2) - 자신을 하느님의 아들로 칭했다고 고발(22,70-71)	- 사람들을 선동하여 스테파노가 모세와 하느님을 모독했다고 말하게 함(6,11)
고발의 이유	- 율법학자, 사두가이, 수석 사제들에 대한 비판(20,1-47)	- 거짓 증인을 내세워 스테파노가 거룩한 곳과 율법을 거부한다고 주장(6,13)
	- 성전 정화와 파괴에 대한 예고(19,45-48; 21,5-6)	- 예수님께서 성전을 허물고 모세의 율법을 뜯어고칠 것이라고 스테파노가 말했다고 주장(6,14)

변모 때의 모습	- 얼굴 모습이 달라지고 의복은 하얗게 번쩍임 (9,29)	- 그의 얼굴이 천사의 얼굴처럼 보임(6,15)
	- 세상을 떠날 일을 언급 (9,31)	- 하느님의 영광과 하느님 오른쪽에 서 계신 예수님을 봄(7,55)
죽음의 기도	- "아버지, 저들을 용서해 주십시오. 저들은 자기들이 무슨 일을 하는지 모릅니다"(23,34)	- "주님, 이 죄를 저 사람들에게 돌리지 마십시오"(7,60)
	- "아버지, '제 영을 아버지 손에 맡깁니다'"(23,46)	- "주 예수님, 제 영을 받아 주십시오"(7,59)

예수님의 죽음과 스테파노의 죽음은 정확히 오버랩된다. 스테파노의 순교 이야기를 읽는 독자들은 자연스레 자신이 아는 예수님의 죽음을 떠올릴 것이다. 루카복음서에서 나타나는 예수님의 수난 이야기는 루카 복음사가의 전형적인 '연극의 신학'*을 보여 준다. 루카는 수난 이야기에서

---

* 그리스인들은 연극을 좋아한다. 연극에서는 인간의 갈등과 함께 불거져 나오는 모든 감정과 열정을 표현한다. 연극에서는 선과 악, 빛과 어둠이라는 양극 사이에 존재하는 인간이 드러난다. 관객은 이런 방식으로 자신의 억눌린 감정과 열정을 발견한다. 관객은 자기 마음의 심

예수님을 그리스도이며 하느님의 아드님으로 묘사하지 않는다. 그냥 우리와 똑같은 인간으로서 우리가 겪는 고통과 아픔을 온몸으로 받아들인 한 사람으로 묘사한다. 그 '비극'을 바라보는 관객으로서 우리는, 그 고통에 함께 울고 아파하며 내면의 상처를 치유하게 된다. 이것이 루카가 비극을 통해 보여 주는 '**카타르시스κάθαρσις**'*이다.

연을 발견하게 되고, 자신의 욕구들과 갈망들, 자신의 위험과 내적 분열을 인지하게 된다. 연극은 그리스인들에게 정화 작용(카타르시스)을 했다. 다시 말해서 연극은 열정들과 감정들로 인해 내적 오염된 관객을 깨끗하게 씻어 준다. 나는 연극에 동참함으로써 내적으로 변화된다(안셀름 그린, 《루카복음묵상 - 예수, 인간의 이미지》, 이성우 옮김, 분도출판사, 2006, 202-203쪽).

* 카타르시스란 독자 내면에 방치된 채 썩어 가던 상처를 비극을 통해 직면하고, 비로소 그동안 억눌러 왔던 슬픔을 드러냄으로써 치유하는 것을 의미한다. 주인공이 당하는 '비극'에 공감하게 되면 사람들은 눈물을 흘리거나, 화를 내면서 자신의 감정을 폭발적으로 드러낸다. 그럼으로써 자신의 감정이 정화됨을 느끼는데, 이를 카타르시스라고 한다. 많은 사람이 카타르시스를 쾌감이나 희열, 전율 정도로 생각하는데, 엄밀히 따지면 카타르시스는 비극에서 비참한 모습이 해소된 이후에만 사용할 수 있기에 '쾌감', '희열', '전율'과는 비슷하지만 다르다. 따라서 '억압받던 주인공이 악에 대항하여 통렬한 복수에 성공'하는 일명 '사이다' 상황은 카타르시스와 관계가 없다. 주인공의 고통에 연민을 느끼고 마음속 쌓여 있던 답답함을 내보내서 정화될 때, 비로소 카타르시스를 느꼈다고 할 수 있다.

순교에서 피어나는 부활의 삶

하지만 루카는 이 비극을 새드 엔딩(슬픈 결말)으로 끝내지 않는다. 예수님 수난의 마지막은 부활과 승천으로 이루어지기 때문이다. 어찌 보면 스테파노의 죽음도 아무것도 이루지 못한 그저 억울하고 비참한 죽음일 뿐이다. 그래서 주변을 선동하며 거짓 증언을 한 이들을 용서하는 스테파노를 바라보면 바보 같다는 생각이 들며 더 화가 나기도 한다. 하지만 스테파노의 죽음은 예수님의 죽음과 닮았기에 새드 엔딩이 아닌 해피 엔딩임을 관객들은 안다. 예수님처럼 죽고, 예수님 때문에 죽는다면, 복음 때문에, 사랑 때문에, 하느님 나라 때문에 아파하고 희생하고 죽는다면, 부활의 영광은 반드시 찾아온다는 희망과 위로를 얻기 때문이다.

　스테파노의 죽음을 바라보며, 우리는 카타르시스를 느끼는가? 우리는 그를 보며 우리가 느꼈던 부당함과 부조리한 사회의 모습에 분노해야 한다. 내면의 선의와 좋은 면은 바라보지 못한 채, 시기와 질투에 휩싸여 상처받고 아파했던 우리 모습을 바라보자. 묵혀 두고 감추었던 우리의 아픔과 슬픔을 꺼내 놓아야 한다. 오랫동안 아물지 못하고 마음속에 숨겨 두었던 그 상처들에, 예수님의 죽음과 사도들의 순교 이야기로 약을 발라 주고 감싸 보자. 더 울고, 더 아파하고, 더 슬퍼해도 괜찮을 것 같다. 그리고 스테파노처럼, 예수님처럼 그들을 용서하고 이해하려 노력하자. 그런 용서와 사랑이 우리를 부활의 삶으로 이끌어 줄 것이다. 또한 하느님께서는 우리의 순교의 삶 속에 새로운 삶을 꽃피워 주실 것이다. 나의 십자가로 인해서, 나의 죽음과 희생으로 인해서 우리와 공동체가 살아가는 세상은 더 넉넉해지고, 더 많은 이들이 하느님의 사랑을 느끼며 살게 될 것이다.

예수님을 증언하는 삶은 '순교하는 삶'이다. 나를 위해 살지 않고 예수님을 위해 사는 삶, 많은 이들의 몸값으로 희생된 하느님의 어린양이신 예수님을 따라 타인을 위해서 먼저 희생하고 죽는 삶이 지금을 살아가는 우리의 순교의 삶이지 않을까 생각한다. 그런 죽음은 새드 엔딩이 아니라 새로운 생명력으로 넘치는 부활의 삶, 바로 해피 엔딩임을 우리는 믿음으로써 증명해야 할 것이다.

오늘날의 순교란 자기중심적이고 배타적인 마음을 떠나 인간을 구원하기 위해 십자가를 지신 예수님처럼 남을 위해 '대신' 고통받을 수 있고, 남을 위해 '대신' 십자가를 지는 삶이 있음을 증명하는 것이다. '대신'의 삶은 '위하는' 삶이며 사랑의 절정이다. 이 시대의 순교자는 예수님을 닮아 가는 사람이며 그분처럼 살아가길 갈망하는 사람이다. 하루하루의 삶을 그리스도의 뜻에 충실히 살며 작은 실천을 할 때, 그 삶이 바로 증거의 삶, 순교의 삶일 것이다. 이것이 바로 부활을 맞이하는 삶임을 잊지 말자. 자기만을 위해 사는 이들이 점점 늘어 간다. 그래서일까, 나는 순교의 삶이 그립다.

3. 그리스도인의 고통

박해로 얻은 선교의 기회

루카 복음사가는 박해받은 사도들을 통해서 고통에 또 다른 차원의 의미를 부여한다. 박해와 고통은 사도들이 더 넓은 지역으로, 더 많은 사람에게 복음을 선포하는 계기가 된다. 박해와 그 이후에 일어나는 상황을 정리해 보자.

장·절	박해와 그 이후에 일어나는 상황
4,31	모두 성령으로 가득 차, 하느님의 말씀을 선포
5,41-42	사도들은 예수님의 이름으로 말미암아 모욕을 당할 수 있음에 기뻐함
8,1-2	스테파노가 죽은 날부터 예루살렘 교회는 큰 박해를 받음

8,25	베드로와 요한이 사마리아의 많은 마을에 복음을 선포함
8,40	필리포스는 고을을 두루 다니며 복음을 선포함
9,22	사울은 더욱 힘차게 예수님께서 메시아이심을 선포함
9,28-30	사울은 사도들과 함께 주님의 이름으로 담대히 설교하고, 죽음의 위협을 받음
9,31	교회는 굳건히 세워지고, 그 수가 늘어남
11,19-21	박해 때문에 흩어진 이들이 주 예수님의 복음을 선포하고, 많은 수의 사람이 복음을 믿어 주님께 돌아섬
20,22-24	바오로가 성령께 사로잡혀 예루살렘으로 감

> 바오로 사도는 선교 여행 중 언제나 반대와 박해를 받아 한곳에 오래 머물지 못한다. 한 도시에서 쫓겨나면 인근의 도시로 가서 다시 복음을 전하는 방식을 취한다.

만약 스테파노의 순교 이후 예루살렘에서 큰 박해가 시작되지 않았다면, 그리스도인들이 유다와 사마리아로 흩어져서 복음을 선포할 수 있었을까? 또한 사울이 그리스도인들을 박해하기 위해서 다마스쿠스로 가지 않았다면 그의 회심이 가능했을까? 그리고 그렇게 많은 지역에까지 예수님의 복음이 전해질 수 있었을까? 박해는 교회에 엄청난 시련이고 큰 고통을 가져다준다. 하지만 그 고통과 시련을 통해서 하느님께서는 인간을 구원하시려는 의지를 이루어 가신다. 다시 말해 박해를 통해 하느님의 구원 역사가 완성되고, 예수님께서 승천하실 때 말씀하셨듯이 "예루살렘과 온 유다와 사마리아, 그리고 땅 끝에 이르기까지"(1,8) 복음이 전해진다. 사도들도 분명 박해가 닥쳐올 것을 알고 있었다. 예수님께서 앞으로 그들에게 닥쳐올 일들을 말씀하셨기 때문이다. 그리고 예수님께서는 시련과 역경 속에서 어떻게 당신을 증언하고 따라야 할지도 말씀하셨다(루카 9,23-26).

> **누구든지 내 뒤를 따라오려면, 자신을 버리고 날마다 제 십자가를 지고 나를 따라야 한다. 정녕 자기 목숨을 구하려는 사람은 목숨을 잃을 것이고, 나 때문에 자기 목숨을 잃는 그 사람은 목숨을 구할 것이다. … 누구든지 나와 내 말을 부끄럽게 여기면, 사람의 아들도 자기의 영광과 아버지와 거룩한 천사들의 영광에 싸여 올 때에 그를 부끄럽게 여길 것이다**(루카 9,23-26).

사도들은 박해의 고통을 견뎌 내는 것에 머무르지 않는다. 오히려 박해와 모욕과 매질을 당하는 것에 기뻐한다. 자신들도 예수님과 똑같은 삶을 살게 되었다고 생각하며, 하느님께서 기회와 선물을 주심에 감사한다. **박해를 은총**으로 받아들이는 것이다. 바오로 사도도 에페소 원로들과 작별 인사를 나누며, 투옥과 환난이 자신을 기다리고 있음을 언제나 성령께서 알려 주셨다고 말한다(20,23). 하지만 그는 한 번도 박해의 고통 때문에 자신의 사명에서 도망치지 않았다. 고통은 예수님을 증언하고 말씀을 전하려는 열정의 불꽃을 꺼뜨리지 못한다. 오히려 박해를 통해서 바오로는 하느님을 더욱 드러내고, 다른 지역으로 자리를 옮겨 가며 죽는 순간까지 자신을 불사른다.

고통에 담긴 하느님의 뜻

매일의 삶은 고통의 연속이다. 우리는 그 모든 고통을 사명감과 의무감으로만 이겨 내며 살 수는 없다. 고통에도 불구하고 우리 삶에 찾아온 기쁨과 행복을 발견하고 누려야 한다. 고통에 또 다른 면이 있음을 바라보아야 한다.

필자는 어머니를 병간호한 적이 있다. 병원 생활이 그렇게 녹록지 않음은 누구나 알 것이다. 어머니의 병환으로 마음도 힘들었지만, 며칠 되지 않는 병원 생활에 몸도 많이 힘들었다. 언제면 이 시간이 끝날지 바라기도 했다. 한번은 잠시나마 이 생활을 벗어나고 싶어서 기도한다는 핑계로 병원 경당에 들렀다. 경당에 앉아 이런저런 생각을 하다가 문득 내가 무엇을 불편해하고 있나 되돌아보았다. 병원에서 나는, 모든 것을 어머니에게 맞추어야 했다. 아침에 일어나는 것도, 밥을 먹는 것도, 화장실에 가는 것도, 기도를 하는 것도…. 한편, 이렇게 어머니만을 바라보며, 어머니의 생활에 맞추어 살아 본 적이 있나 돌아보았다. 없었다. 고등학생 이후부터 신학교에 입학하고, 군대를 가고, 외국에서 유학 생활을 하고, 신부가 된 지금까지. 그렇게 어머니와 함께 시간을 보내고 어머니에게 맞추어서 생활했던 시간이 단 한 시간도 없었다는 생각이 들었다. 그리고 앞으로도 그런 시간은 얼마 주어져 있지 않음을 깨달았다. 그때 가장 먼저 떠오른 말은 '하느님! 감사합니다'였다. 만약 이를 깨닫지 못했다면 병원 생활은 필자에게 그냥 고통의 시간, 빨리 벗어나고 싶었던 힘든 시기로만 기억되었을 것이다. 하지만 고통에서 또 다른 것들을 바라보게 되자, 그 고통은 감사의 시간이고, 하느님 은총의 선물이며, 어머니와 더 사랑하고 살아가라는 기회가 될 수 있었다. 그래서 기뻤다. 그런 시간과 기회를 주신 주님께 감사했다. 그리고 이러한 기쁨과 감사의 마음은 나의 표정과 말과 행동을 변화시켰다. 이제 그 시간은 누가 뭐라 해도 고통이 아닌 기쁨과 감사가 되었다.

고통의 또 다른 면을 보기 위해서는 **고통 안에 담긴 하느님의 뜻**을 찾아야 한다. 고통을 은총의 선물로 받아들이기 위해서 마리아처럼 "모든 일을 마음속에 간직하고 곰곰이 되새겨야"(루카 2,19) 한다. 마리아는 모든 고통의 순간에 하느님의 뜻을 찾았다. 그리고 묵묵히 그 고통을 감내하고 받아들인다. 그래서 고백한다. "저는 주님의 종입니다. 말씀하신 대로 저에게 이루어지기를 바랍니다"(1,38). 마리아는 우리 앞에 놓인 그것이 고통일지라도 은총으로 받아들이며 살아가는 참그리스도인의 모습을 보여 주신다. 그리고 이러한 수용을 통해 하느님께서는 당신의 구원 역사를 이끌어 가신다. 만일 마리아가 하느님의 뜻을 찾지 않았다면, 사도들이 박해를 피해 도망만 다녔다면 구원의 역사는 어떻게 흘러갔을까? 하느님께서는 우리 한 사람, 한 사람을 도구로 삼아 당신의 구원을 이루어 가신다. 우리가 고통 안에서 하느님의 뜻을 찾고 그분 뜻대로 예수님의 희생과 사랑을 전할 때, 나아가 세상과 주위의 모든 사람에게 다가갈 때 이루어진다.

우리의 고통을 다시 바라보자. 혹여 십자가를 치워 주십사 청하고만 있진 않은지 자신에게 되물어 보자. 그런 청원은 어쩌면 나를 통해 이루시려는 하느님의 축복을 걷어차는 일인지도 모른다. 하느님 아버지께서는 우리가 청하기도 전에 우리에게 무엇이 가장 필요한지 알고 계신다(루카 12,30). 왜냐하면 우리가 아는 것보다 우리 자신을 더 잘 알고 계시기 때문이다(12,7). 어린아이가 칭얼댄다고 해서 부모는 무엇이나 다 주지 않는다. 때로는 아이가 싫어하고 원하지 않더라도, 아이에게 필요하다면 반드시 준다. 그것이 바로 아이를 진정으로 사랑하는 부모의 방식이다. 하느님께서도 우리를 그런 사랑으로 대하신다. **지금 우리가 처한 고통은 하느님의 선물**일 수 있다. 그 고통을 겪으면서 얻을 무엇인가가 지금 나에게 제일 필요한 것일 수 있다.

V

회개, 새로운 길을 찾아 나서는 삶

'새로운 길'을 따르는 이들, 그리스도인

'길'은 단순히 사람이나 자동차가 지나갈 수 있게 땅 위에 마련된 공간의 의미로만 사용되지 않는다. 길에는 상징적이고 비유적인 의미가 다분히 내포되어 있다. 특히 '인생길', '인생 여정'이라는 표현처럼, 우리네 인생은 자주 '길'에 비유되곤 하는데, 여기에는 몇 가지 이유가 있다. 우선 길의 '불확실성'이다. 일상의 일들은 언제나 우리의 계획이나 예상대로 이루어지지 않는다. 여러 난관에 봉착하며 전혀 새로운 방향으로 나아가기도 한다. 때로는 넘어져 실패하기도 하고 때로는 역경을 이겨 내며 앞으로 나아간다. 길의 '다양성' 또한 인생을 길에 비유하는 이유이다. 목적지를 향하여 나아가는 길은 한 가지만 있지 않다. 우리는 언제나 여러 갈래의 길 앞에서 고민한 끝에, 선택하고 결정을 내린다. 잘못된 길이라고 생각되는 순간 길을 되돌려

돌아가기도 하지만, 지금까지 걸어온 수고가 아까워 그냥 갈 때도 있다. 마지막으로, 길의 '역동성'이다. 길은 앞으로 나아가기 위한 곳이다. 하지만 때로는 멈추어 서서 자신이 걸어왔던 길을 되돌아보아야 할 때도 있다. 앞만 보고 걸어가는 것이 능사가 아니다. 우리는 항상 올바른 길을 묻는다. 어떻게 나의 길을 찾을 수 있을까? 어떤 길이 나를 진정한 나의 삶으로 인도하는가? **그리스도인이란, 그 '길'을 그리스도 예수님 안에서 찾는 사람들**이다. 루카는 그 길을 어떻게 표현하는지 살펴보자.

성경에서도 '길'에 대한 이미지는 빈번히 나타난다(이사 55,8; 잠언 20,24; 시편 1,6; 23,3, 예레 21,8). 특히 사도행전에서는 '길'이라는 상징을 통해 신앙인의 '신앙의 여정'을 이야기한다. 예수님은 '생명의 영도자'로서, 우리를 생명으로 이끄시며 생명으로 나아가는 길을 앞장서서 걸어가시는 분이다. 사도들은 그런 예수님을 따라서 그 길을 걸어갔다. 그것이 바로 "생명에 이르는 회개의 길"(사도 11,18)이며, "구원의 길"(16,17)이고, "주님의 바른길"(13,10)이다. 특히 사도행전은 예수님을 따르는 길을 "새로운 길"(9,2; 22,4; 24,14.22)*이라고 표현하고 있다. 왜 '새로운 길'인가? 예수님께서는 우리가 새로이 보게 하셨다. 이제까지 알고 있었던 하느님의 모습과는 다른 아빠, 아버지로서 한없이 자비로우신 하느님을 보여 주셨고, 사람들을 옥죄고 억압하던 율법이 실은 다른 이들을 더 사랑하기 위한 이정표임을 알려 주셨으며, 수난과 십자가상 죽음이 두려움과 고통일 뿐 아니라 사랑의 완성이며, 새로운 생명으로 나아가는 길임을 당신의 희생으로 보여 주셨다. 루카가 그리는 복음의 기쁜 소식은, 우리가 자신과 세상을 다르게 볼 수 있도록 예수님께서 친히 우리의 눈을 열어 주셨다는 것이다. 그 복음으로 우리는 익숙하고 안락한 삶과 세상에 대한 고정된 시선에서 벗어나 나만의 만족과 유익을 위한 삶의 방향성을 버리고 '새로운 길'을 걷게 된 것이다. 이것이 바로 '**회개μετάνοια**'이다.

---

* 그리스어 성경 원문은 "새로운"이라는 단어를 사용하지 않고 "그 길"(아무런 수식어 없이 정관사를 붙여 씀)로 표현했다. "새로운"이라는 말은 한국어로 번역하는 과정에서 첨가된 것으로 보인다. 《200주년 신약성서》에서는 원문을 다음과 같이 직역하였다. "다마스커스에 있는 여러 회당에 보내는 공한을 청하였다. 그것은 그 길τῆς ὁδοῦ에 들어선 이들을 발견하기만 하면 남자 여자 할 것 없이 결박하여 예루살렘으로 압송하려는 것이었다"(9,2).

1. 누군가를 죽이러 가던 길

박해자로 살아오며

충실한 바리사이오 박해자로 살다가 예수님을 만나 완전히 다른 삶의 길을 걷게 된 사울(바오로)의 회심 이야기(9,1-19)를 바라보며 회개의 삶을 좀 더 자세히 살펴보자.

먼저, 후에 '바오로'라고 불릴 '사울'에 대해서 알아보자.** 그의 삶을 바라보면 그가 걸었던 길이 어떤 길이고, 그 길에서 어떤 선택을 하였으며, 그 선택의 이유는 무엇이지 짐작할 수 있다. 사울은 유복한 가정***에서 많

** 안셀름 그륀, 《사도 바오로와 그리스도 체험》, 이종한 옮김, 분도출판사, 2010, 13-31쪽 참조.

*** 사울의 고향은 당시에 30만 명이 넘게 거주했던 '타르수스'이다

은 교육*을 받으며 부족함 없이 산 인물인 듯하다. 사울은 바리사이가 된다. 일찍이 사울의 부모는 어린 아들을 예루살렘으로 보내어 가말리엘(5,34 참조) 문하에서 양육과 훈육을 받게 한다. 사울은 율법에 매료되었을 것이다. 그는 방종과 타락으로 점철된 환경 속에서 자신을 안전하게 지켜 줄 대상은 율법임을 확신했을 것이다. 어쩌면 세상에 두려움을 더 느끼는 사람일수록 명료하고 안정감을 주는 율법에 자신의 정체성을 기대는지도 모른다. 그래서 사울에게 율법은 내면의 혼란을 다잡아 주는 일종

(22,3). 타르수스는 헬레니즘 문화권으로 지중해에서 소아시아 지역으로 들어가는 관문과 같은 역할을 하는 대도시였고 다양한 문화의 사람들이 섞여 살았던 곳이기도 하다. 사울의 부모는 유다인으로서 로마 시민권을 가지고 있는 것을 보아 부유한 사람이라 짐작할 수 있다.

* 성장했던 곳이 다양한 문화와 언어가 공존하던 대도시였기에 사울이 구사할 수 있는 언어는 히브리어, 아람어, 그리스어, 라틴어 정도였을 것으로 추정한다(21,37-40 참조). 또한 디아스포라 유다인으로 어릴 때부터 다른 민족 사람들을 만나고 교역의 중심지에서 개방성도 체득하며, 다른 문화와 관점을 지닌 사람들에게 낯설어하지 않고 다가가 생활 관습을 눈여겨볼 수 있었을 것이다. 또한 바오로는 다양한 철학도 배웠던 것으로 보인다. 자신의 서간 필리피서에서는 스토아학파의 원리를 그대로 담은 글을 쓴다(필리 4,8 참조). 또한 아테네에서 선교하면서 아레오파고스에서 사람들과 토론할 때, 에피쿠로스학파와 스토아학파의 몇몇 철학자가 바오로와 대화를 나누는 모습(17,17-18)은 그만큼 바오로가 그들의 이론을 잘 알고 있었음을 짐작게 한다.

의 '코르셋' 같은 것일 수 있다. 또는 어쩌면 더 큰 업적을 세우고 자신의 가치를 입증하기 위해 율법을 선택했을 수도 있다. 더군다나 그는 당대 가장 유명한 라삐인 가말리엘의 문하생이었기에(22,3) '엘리트 의식'이 있었을 것이다.

자존감이 낮은 사람들은 외적인 성과를 통해 자신의 무가치함에 대한 두려움을 극복하려 한다. 하지만 이는 오히려 성공에 대한 강박을 낳고, 타인을 향한 분노와 냉혹함은 심화되기 마련이다. 어쩌면 그래서 사울이 열성적인 율법주의자 바리사이가 되었을지도 모른다. 강박에 시달리는 그에게 율법은 특별한 복음으로, 철저한 율법 준수와 업적을 통해 자신의 가치를 입증하고 해방을 느낄 기회였던 것이다.

이제 다시 사울의 회심 이야기로 되돌아가 보자. 루카는 사울의 회심 이야기를 하기 위해 먼저 '스테파노의 순교 이야기' 속에 사울을 등장시킨다. 사울이 그리스도인들을 박해하는 인물로서 걸어왔던 길을 정리해 보면 다음과 같다.

장·절	내용
7,58	박해자들이 스테파노에게 돌을 던지고, 겉옷을 벗어 사울의 발 앞에 둠
8,1	사울은 스테파노를 죽이는 일에 찬동함
8,3	사울은 교회를 없애 버리려고 남자든 여자든 끌어다가 감옥에 넘김
9,1-2	사울은 주님의 제자들을 향하여 살기를 내뿜고 새로운 길을 따르는 이들을 예루살렘으로 끌고 오겠다고 선언함

그리스도인을 향한 사울의 적개심은 처음에는 그리 심하지 않았던 것으로 보인다. 초기에는 그냥 관망의 자세를 취하다가 점점 박해에 동조하고, 결국에는 적극적으로 박해에 앞장을 서게 된다. 처음부터 적극적으로 박해에 가담하지 않았다는 사실은, 박해의 이유가 그리스도인들이 싫어서가 아니라 자신의 무가치함에 대한 두려움 때문에 자신과는 다른 길을 가는 사람들을 인정하지 못했기 때문임을 보여 준다.

스테파노의 설교와 인생의 갈림길

사울은 스테파노가 죽을 때 가까이에 있었기에, 스테파노가 어떻게 체포되고(6,8-15), 최고 의회 앞에서 어떻게 설교(7,1-53)했는지도 보았을 것이다. 스테파노가 최고 의회 앞에서 선포한 설교는 사울도 잘 알고 있었던 내용이다. 스테파노는 아브라함부터 시작하여 성조들을 거쳐 모세에 이르는, 이스라엘을 향한 하느님의 구원 역사에 대해 설명하며 최고 의회 사람들을 고발한다(7,51-53).

스테파노는 하느님께서 아브라함을 비롯하여 성조들과 맺으셨던 "할례의 계약"을 강조하며(7,8), 그 계약에 충실하지 않은 유다인들을 고발한다. 또한 요셉과 모세가 형제들과 동족들의 시기로 배척을 받고 버려졌다는 사실을 강조해서 이야기한다(7,9.35 참조). 그러나 하느님께서는 그렇게 배척당한 요셉과 모세와 함께해 주셨고, 그들을 이스라엘의 지도자요 해방자로 보내셨다고 언급한다(7,35). 스테파노는 이렇듯 예언자로 오신 예수님을 조상들이 했던 것처럼 지금의 유다인들이 배척하고 죽음으로 내몰았다고 고발하는 것이다. 스테파노의 이야기는 틀리지 않았다. 단, 예수님의 죽음을 중심으로 이스라엘의 역사를 완전히 새롭게 해석하고 있다.

사울은 의심했을 것이다. 또한 혼란스러웠을 것이다. 사울은 자신이 그렇게나 바랐던 하늘의 체험(7,55-56)에 휩싸여 말하는 스테파노를 바라본다. 더군다나 그가 '눈에는 눈, 이에는 이'라고 알고 있던 율법의 명제를 스테파노는 완전히 다르게 해석하며, 자신을 죽이는 사람들을 위해 용서를 청하고 기도한다(7,60). 사울은 자신에게 안정과 확신을 주었던 '율법'과 예수님께서 보여 주시는 새롭고 놀라운 '자유' 사이에서 혼란스러웠을 것이다. 또다시 사울은 인생의 갈림길을 맞이한다. 율법의 명확성인가? 아니면 스테파노를 비롯한 새로운 길을 따르는 이들이 선포하는 자유인가?

그 갈림길에서 사울은 자신이 걸어왔던 율법의 명확성을 선택한다. 율법을 엄격하게 지킴으로써 내적 안정과 확신을 제공하는 바리사이라는 집단에 사울은 충성을 다한다. 하지만 율법의 경직성과 폐쇄성은 그에게 실망감만 안겨 줄 것이다. 경직된 율법주의의 엄격한 규정을 처음부터 끝까지 완벽하게 지킬 수 있는 사람은 없다. 바리사이들은 율법을 설파하면서도 때로 남몰래 율법의 느슨한 일면을 즐기며 자신을 포장하고 정당화하는, 위선적이고 이중적인 생활로 도망칠 수 있었다. 이렇게 맛보는 자책감은 율법을 지키지 않는 사람들과 맞서 싸움으로써 털어 내었다. 싸움을 통해 자신의 가치를 입증하고 위치과 명예를 내세우려는 것이다. 그래서 그들은 더욱더 자신의 두려움과 위선적 모습에서 벗어나기 위해 그 공격성을 타인, 그리스도인들에게 표출하게 된다. 그것이 바로 사울이라는 박해자의 모습이지 않을까?

지금까지 표현한 박해자로서 사울의 모습은 필자의 지극히 개인적인 생각일 수 있다. 하지만 그렇지 않다면 사울이 다마스쿠스에서 예수님을 만나 자신이 걸어왔던 그 긴 시간을 한순간에 전환하는 모습은 납득하기 어렵다. 아마 그 전부터 그가 참된 의로움에 대한 고민을 지속하며 자신이 걷고 있는 길의 한계를 체험했기 때문에, 다마스쿠스의 사건은 그를 완전히 다른 사람으로 변화시키는 계기가 될 수 있었을 것이다. 다마스쿠스로 가는 길에서 "갑자기 하늘에서 빛이 번쩍이며 그의 둘레를 비추고"(9,3) 자신의 이름을 부르는 소리가 들려오는(9,4) 이상한 현상이 일어났을 때, 그리고 "나는 네가 박해하는 예수다"(9,5)라고 예수님의 이름을 들었을 때, 서울에게 삶에 대한 고민과 갈등의 시간이 없었다면 그는 예수님을 금방 알아보지 못했을 것이다. 복음서에서도 부활하신 예수님을 처음부터 알아본 사람은 거의 없다. 예수님을 따랐고, 진정으로 사랑한 사람들도 예수님을 알아보지 못했는데, 예수님에 대해서 아무것도 몰랐던 사울은 어떻게 부활하신 예수님의 목소리만을 듣고 그분을 알아볼 수 있었을까? 그만큼 사울은 예수님 때문에 갈등했고, 그 갈등의 이유를 찾으려 고민했을 것이다. 그래서 사울은 부활하신 예수님과의 첫 만남에서 회심하여 그리스도의 사도가 된다.

자칫 우리도 바오로 사도처럼 예수님을 극적으로 체험하기만 하면, 삶이 한꺼번에 완전히 바뀔 거라고 생각할 수 있다. 그러나 그 전에 먼저 예수님의 삶, 복음적 삶에 대한 진지한 고민과 성찰이 이루어져야만 하느님이 부르실 때 주저함 없이 응답할 수 있다. 인생의 갈림길에서 우리는 중요한 선택을 하게 된다. 어쩌면 우리 삶의 방향을 바꾸어 버릴 결정적인 순간이다. 그 순간에 우리는 어떤 고민에 빠져있을까? 후회하지 않는 선택을 하려고 고민하고 있는가? 선택을 했다면 우리는 어떤 이유로 그 선택을 했는지 다시 한번 숙고해야 한다. 그래야만 선택의 이유가 잘못됨을 알았을 때 후회 없이 새로운 길을 택

할 수 있다. 하지만 선택의 이유를 고민하지 않는다면 지금까지 걸어왔던 물리적인 시간 때문에, 자신에게 실망할 것이 두렵기 때문에 새로운 방향으로 나아가길 포기해 버린다. 회개하는 삶은 후회하지 않기 위해 고민하는 것이 아니라, **내 선택의 이유를 그리스도 예수님의 이유와 같게 만들려는 고민**이어야 한다. 시간이 흐르다 보면 선택의 이유가 나에게 있건만, 예수님 때문이라고 착각하기도 한다. 그럼 다시 예수님께 집중해야 한다. 예수님의 시선으로, 예수님의 가치로, 예수님께서 바라시는 뜻으로 방향을 돌리는 것이다. 사울의 회심은 '누군가를 잡아 죽이러 가는 길'에서 일어났다.

변화의 기억

루카는 바오로 사도의 입을 통해 그가 어떻게 박해자에서 그리스도 예수님의 사도로 변화되었는지를 9장 외에도 다른 두 번의 장면에서 서술하고 있다. 즉, 예루살렘 성전에서 체포되어 유다인들에게 자신을 변호하는 장면(22,1-21)과 로마로 압송되기 전에 아그리파스 임금, 페스투스 총독, 베르니케와 다른 사람들 앞에서 자신을 변론하는 장면(26,4-18)이다. 루카는 이 회심 사건에 대한 세 기록을 표현하며 세밀한 부분에서 약간의 차이를 둔다. 9장의 내용은 삼인칭 단수로 사건을 언급하면서 그림을 그리듯이 객관적으로 이야기를 서술하지만, 22장과 26장에서는 유다인과 이방인이라는 서로 다른 대상에게 자기가 겪은 일들을 말해 주는 방식인 일인칭 시점으로 이야기를 전개해 나간다. 또한 유다인과 이방인들에게 자신을 변호하는 상황에 맞게 창의적으로 회심 사건을 재구성한다. 9장에서는 예수님께서 하나니아스에게 나타나 사울은 "다른 민족들과 임금들과 이스라엘 자손들에게 예수님의 이름을 알리도록 선택된 그릇"이라고 말씀하시며 그에게 사도의 사명을 부여하시지만(9,15), 뒷부분에서는 바오로 사도가 자신을 변호하면서 직접 이방인 선교의 사명을 예수님께 받았음을 강조한다(22,17-21; 26,16-18).

루카 복음사가는 같은 사건을 다른 상황에서 세 번이나 반복하는데, 이로써 하느님을 만나 변화되고 사명을 받은 중요한 사건을 언제 어디서나 마음속에 깊이 간직하고 기억해야 함을 강조한다. 바오로 사도가 자신이 겪은 예수님과의 첫 만남을 말하던 때는 아무 탈 없이 행복한 때가 아니다. 자신을 죽이려고 달려드는 사람들밖에 없는 상황이었고, 아무도 자신을 보호해 주지 않아 홀로 그 모든 역경과 위험을 감수해야 할 때였다. 우리는 때때로 자신이 걸어온 길에 대한 후회와 회의감, 혹은 무기력감에 빠져 열정을 상실한다. 아니면 고통과 어려움에 봉착하여 자신이 걸어왔던 삶의 방향을 잃고 헤매기도 한다. 그때마다 **우리는 첫 마음을 기억해야 한다.** 그 일을, 그 사람을, 그리고 그 길을 선택하고 첫 발걸음을 내디뎠던 때의 마음을 떠올려야 한다. 구약성경의 오경이 바빌론 유배 때 쓰인 이유도 유배지에서 민족의 정체성과 야훼 신앙에 대한 위기의식으로 인해, 야훼 신앙을 가졌던 첫 마음을 기억하기 위해서였다. 또한 당시의 모습을 보여 주는 예언서도 '야훼 하느님께서 해 주신 일들을 기억하여라'라며 첫 마음을 상기시키는 내용이 가득하다.

첫 마음을 기억하는 것은 우리의 뿌리를 찾는 것이다. 그때의 순수함과 감사함을 기억하는 것이며, 그때의 열정을 기억하는 것이다. 위기가 찾아올 때 첫 마음, 곧 예수님께서 나를 부르시고 그 부르심에 응답했던 때를 떠올린다면, 멈추었던 길을 다시 걸어갈 용기를 조금이나마 찾을 수 있을 것이다.

죽음의 체험

루카가 전하는 사울의 회심 이야기에는 여러 비유와 상징이 가득하다. "길을 떠나 다마스쿠스에 가까이 이르렀을 때, 갑자기 하늘에서 빛이 번쩍이며 그 둘레를 비추었다"(9,3). 그러고 나서 사울은 "땅에 엎어졌고"(9,4ㄱ), 하늘에서는 사울의 이름을 부르는 소리가 두 번 들려온다(9,4ㄴ). 그런 다음 사울이 그 소리의 주인공을 묻자, 그분께서는 "나는 네가 박해하는 예수다"(9,5)라고 대답하신다. 이 장면은 하느님의 산 호렙에서 양을 치던 모세가 불타는 떨기나무 안에서 하느님을 만났던 장면을 떠올려 준다(탈출 3,1-6).

구약성경에서 '빛의 출현'은 하느님의 현존과 연결된다(시편 36,10; 56,14; 78,14; 89,16; 97,11; 104,2; 지혜 7,26; 이사 2,5; 60,19), 특히 (번개와 같이) '빛이 하늘에서 쏟아지는 모습'은 하느님께서 세상에 나타나심을 상징한다(탈출 19,16-18; 2사무 22,13; 에제 1,4.7.13; 다니 10,6). 사울 역시 이렇게 빛이 번쩍이며 자신의 이름을 부르는 소리*가 나

---

* 하느님께서 인간에게 자신을 드러내 보이시는 계시의 장면에는 상대

자, 하느님이나 그분의 천사가 자신에게 나타나셨음을 인식하였을 것이다. 그래서 사울은 "주님, 주님은 누구십니까?"(9,5) 하고 묻는다. 유다인에게 '주님'은 야훼 하느님을 지칭하는 말이다. 어쩌면 사울에게는 평생 기다렸을 순간이었을 것이다. 바리사이인 자기 삶의 목표였던 하느님을 체험한 것이다. 하지만 들려오는 대답은 사울을 송두리째 흔들어 놓는다. 자신의 '하느님 체험'에 나타난 그 '하느님'이 바로 자신이 잡아 죽이려고 혈안이 되었던 집단의 우두머리인 '예수'라는 인물인 것이다.

예수님께서 당신의 이름을 계시하시는 이 장면을 통해 사울은 완전히 새로운 사람이 된다. 자신이 열성적으로 쌓아 왔던 모든 것이 허물어져 내린다. 바리사이로서 걸어왔던 그 길이 완전히 잘못되었음을 깨달은 것이다. 오랜 시간 그가 품어 왔던 하느님 상像은 깨어졌고 율법에 대한 생각과 해석도 완전히 무너져 버렸다. 사울은 율법을 지키려던 그의 모든 노력과 하느님을 믿고 따르려는 열정의 방향이 틀렸다는 사실을 깨달았을 것이다. 사울

의 이름을 두 번씩 부르시는 특징이 있다. 아브라함(창세 22,11), 야곱(창세 46,2), 모세(탈출 3,4), 사무엘(1사무 3,10)이 그랬다.

에게는 죽음과 같은 체험이다. 지난 삶에 대한 죽음의 체험이고, 자신의 목표와 방향에 내려진 사망 선고이다. 그래서 루카 복음사가는 사울이 땅에 엎어졌고(9,4), 눈을 떴으나 아무것도 볼 수 없었고(9,8ㄱ), 사람들의 손에 이끌려 길을 갔고(9,8ㄴ), 먹지도 마시지도 않았다고(9,9) 상황을 표현하고 있다. 어둠이 세상을 덮어 앞이 보이지 않고, 먹고 마시지도 못하며, 땅에 쓰러졌지만 다시 일어날 수도 없고, 스스로 아무것도 할 수 없는 무기력의 상태는 바로 죽음을 상징한다.*

누군가를 죽이러 가던 길에서 자신의 죽음을 체험한 사울은 전에 느끼지 못한 새로움에 눈을 뜨게 된다. 이처럼 자신이 아무것도 할 수 없음을 느끼는 것, 하지만 그 모든 날, 모든 것을 나와 함께한 어떤 존재가 있음을 깨닫게 되는 것이 바로 우리의 죽음 체험이다. 때로는 삶의 모든 일이 우리가 원하지 않는 방향으로 흘러간다. 아

---

* 저승(세올sheol)에 있는 자들은 어둠 속에서 보지도 먹지도 마시지도 못한다(욥 17,13; 시편 23,4; 49,14; 잠언 7,27; 마태 8,12; 루카 23,44 참조). 사흘이라는 기간은 예수님께서 무덤에서 보내신 기간과도 같다(루카 24,46)(성서와함께 편집부, 《나의 증인이 - 성서가족을 위한 사도행전 해설서》, 성서와 함께, 2012, 159쪽).

니, 우리의 힘과 능력으로 문제를 해결하려 엄청난 노력과 열정을 쏟아부어도 자꾸만 꼬여 가는 삶의 모습을 발견한다. 그럴 때 우리는 다른 누군가의 힘을 바란다. 내가 할 수 없기에, 내가 할 수 있는 것이 없기에, 할 수 있는 것이라고는 그 아픔과 고통을 온몸으로 견디는 것 밖에 없기 때문이다. 이때 우리는, 죽을 것 같이 힘든 그 순간이 어쩌면 **하느님께서 주시는 기회이며 하느님을 만나는 시간일 수 있음을** 알아야 한다.

회개의 순간은 언제나 고통스럽고 아픈 죽음의 체험과도 같지만 거기서 도망치는 것은 기회와 은총의 삶에서 도망치는 것과 마찬가지다. 우리 삶의 한가운데에 찾아오시어 우리의 나약함과 죄스러움을 발판 삼아 당신께 오도록 부르시는 그분께 우리의 죽음의 순간을 맡겨 드릴 수 있는 용기를 청하자.

2. 죽음의 길에서 만난 새로운 길

자신이 박해하던 예수님을 만나면서, 사울은 어떻게 변화되었을까? 만남의 순간 새롭게 명료해진 것은 무엇일까? 그의 영혼에서 어떤 일이 일어났을까? 사도행전뿐만 아니라 바오로의 서간에서 발견되는 사울이라 불렸던 사도 바오로의 변화된 삶, 곧 죽음의 길에서 그리스도 예수를 만나 새로운 길로 나가게 된 여정을 살펴보자.

율법 준수에서, 자유와 사랑으로

율법은 바리사이인 사울의 전부였다. 그가 보기에 율법을 지키지 않고 율법을 무시하는 듯 행동한 예수라는 인물은 십자가에 못 박혀 죽어야만 했다. 그것이 하느님의 정의였고 하느님의 심판이었다. "나무에 매달린 사람은 모두 저주받은 자다"(갈라 3,13). 그러므로 십자가의 예수는 율법의 저주를 받은 자이다. 그런 예수님과 사울이 맞닥뜨린다. 지상에서 당한 온갖 비참과 수모가 무효하지 않았음을 드러내는 부활하신 예수님, 주님으로 사울을 찾아오신다. 사울은 그동안 배우고 익혔던 그 모든 것과 완벽히 모순되는 경험을 하게 된다. 율법에 따라 저주받은 자라 여긴 그분이 하느님에 의해 일으켜지고 영광스럽게 되신 것이다. 사울은 그분이 세상의 참된 주님임을 깨닫는다.

그분은 율법의 강박에서 사울을 해방해 주셨다. 율법을 철저히 지킴으로써 구원받을 수 있다는 유다인들의 생각을 뒤집어 보면, 구원하는 이는 하느님이 아니라 자신이다. 자신이 율법을 잘 지켰기 때문에 하느님께서는 그를 구원해 주실 수밖에 없다는 것이다. 그래서 율법 준수에 그렇게 목을 매게 된다. 하지만 사울은 율법에 따라 그리스도인들을 처단하러 가던 그 길 위에서 부활하신 예수님을 만난다. 그분께서는 사울에게 모든 율법을 철저하게 준수하였는지 캐묻지 않으신다. 사울이 어떤 좋은 일을 하였는지, 어떤 잘못을 저질렀는지 묻지 않으신다. 그냥 그의 이름을 부르시며, 당신을 박해하는 사울을 찾아오신 것이다. 사울은 예수님과의 만남을 통해서 자신이 **조건 없이 사랑받고 있음**을, 율법 준수의 성과를 앞세우지 않아도 하느님께 인정받을 수 있음을 깨닫게 되었다. 이 체험을 통해 바오로 사도는 율법에 따른 행위와 그리스도에 대한 믿음의 관계를 이렇게 설명한다. "우리는 율법에 따른 행위가 아니라 그리스도에 대한 믿음으로 의롭게 되려고 그리스도 예수님을 믿게 되었습니다"(갈라 2,16).

예수 그리스도를 통해 하느님께서는 믿음의 길이라는 새로운 길을 가르쳐 주신다. 그 길은 율법의 권세에서 벗어나 걷는 진정한 '자유의 길'이다. 우리는 하느님이나 사람들 앞에서 자신을 입증하거나 정당화해야 한다고 생각한다. 내가 왜 이렇게 행동하고 있는지, 어째서 그래야만 했는지 자꾸만 이유와 근거를 말함으로써 자신을 정당화하려고 애쓴다. 우리는 모든 사람이 자신을 판단한다고 생각한다. 그리고 남들에게 높은 평가를 받으려면, 우선 스스로가 자신을 좋게 평가해야 한다고 생각하여 하느님 앞에서마저 솔직하지 못하고 자신의 옳음을 주장한다. 예수님의 새로운 길은 우리를 그런 강박에서 벗어나게 해 준다. 우리가 올바른지, 정당한지 근심하지 않아도 된다. 우리를 위해 십자가에서 돌아가신 예수님을 바라보면, 우리가 조건 없이 사랑받고 있음을 깨닫게 된다. 또한 이 자유의 길은 그리스도 예수님에 대한 믿음에서 비롯된다. 바오로 사도는 그의 서간에서 율법의 억압으로 말미암아 자신은 죽었으며, 이제는 예수님에 대한 믿음으로 새로운 길을 걸어가게 되었다고 이야기한다(갈라 2,19-20).

사울은 율법 규정을 따르는 행위가 아니라 하느님의 아드님에 대한 믿음으로 구원받을 수 있음을 깨닫는다. 진정한 자유를 찾은 바오로 사도는 "사랑으로 행동하는 믿음만이 중요"(갈라 5,6)하다고 말한다. 진정한 자유는 자신이 마음대로 하는 것이 아니다. 그것은 거짓 자유이고 방종이다. 진정한 자유는 자신이 추구하는 궁극적 가치와 신념에 자신을 묶고 극기하는 것이다. "참된 자유는 자기의 이유를 갖는 것"이라는 신영복 선생의 말씀은 진정 옳다. 자신의 행동과 선택에 이유를 가질 수 있어야 그것은 진정한 자유가 된다. 하지만 그리스도인이 걸어가야 하는 자유의 길은, 나의 이유가 아니라 예수님의 이유로 모든 행동이 이루어져야 가능하다. 즉, 우리는 '사랑'이라는 최고의 가치에 스스로를 묶고, 선택하고, 결정하며 삶의 길을 나아가야 한다. **자유는 사랑으로 완성된다.** 예수님께서 십자가를 선택하고 수난과 죽음을 기꺼이 맞이하신 것도 다 '사랑'이라는 가치 때문임을 잊지 말아야 한다. 또한 그렇기 때문에 누군가를 사랑하기 위해서는 "모든 것이 허용"(1코린 10,23)될 수 있다. 우리의 생각과 선택의 이유가 그리스도이며, 그분이 보여 주신 사랑으로 행동할 때 우리는 진정 자유로울 수 있다. "이제는 내가 사는 것이 아니라 그리스도께서 내 안에 사시는 것"(갈라 2,20)이라는 바오로 사도의 말씀처럼 내가 곧 그리스도가 되어 살아갈 때, 자유와 사랑의 길을 걷게 되는 것이다.

십자가, 모든 가치의 전환

사울에게 십자가는 저주의 대상이다. 세상의 그 어떤 형벌보다도 흉악하고 처참한 형벌이며, 십자가의 죽음은 그 어떤 죽음보다도 비참하고 고통스러운 죽음이다. 십자가는 세상에서의 모든 힘을 빼앗아 가는 실패와 절망의 상징이고, 하느님과 인간 앞에서 자신을 입증해야 한다는 세상의 기준을 포기하는 것을 의미한다. 그런 처참한 실패를, 예수님께서는 직접 선택하셨다. 또한 그런 예수님의 선택을 보시고, 하느님께서는 모든 이의 죄를 용서하시고 구원하셨다. 그 은총의 결과를 사울은 다마스쿠스의 길 위에서 체험했다. 예수님께서는 십자가에서 반역자의 치욕스러운 죽음을 맞이하셨지만, 하느님께서는 바로 그곳에서 인간에 대한 당신의 사랑을 훤히 드러내셨다. 세상의 잣대로는 설명할 수 없는 새로운 시선과 가치관, 새로운 선택과 희망의 메시지를 사울은 십자가를 통해 깨닫게 되었다. 이 체험을 통해 바오로 사도는 코린토 교회에 보내는 편지에서 '십자가는 희망의 표지'라고 이야기한다(1코린 1,26-29).

십자가는 하느님께서 당신의 사랑을 보여 주시는 기회의 장이며 은총의 통로이다. 고통과 아픔을 통해 하느님께서는 당신의 사랑을 인간에게 보여 주셨고, 당신의 구원 역사를 이끌어 가신다. 예수님께서는 '모든 이들을 위해서' 십자가의 고통을 기꺼이 선택하셨다. 그러므로 우리도 누군가를 사랑하기 때문에 짊어진 십자가는 바로 예수님의 선택이고 하느님의 뜻임을 명심해야 한다. 그것이 고통과 절망을 희망과 사랑으로 전환하는 삶임을 잊지 말아야 한다.

또한 십자가에 대한 깨달음은 사울이 갖고 있던 하

느님 상을 뒤집어엎었다. 유다인들은 하느님 권능의 표징을 보고 싶어 했다. 하느님께서는 당신이 강력한 분이심을 역사를 통해 실증하셨다. 어쩌면 유다인들에게 예수님의 십자가는 일종의 암호로서, 하느님께서 당신을 감추셨다는 표징이라고 할 수 있다. 그들에게 나약한 하느님이란 있을 수 없는 일이기 때문이다. 여러 탄원 시편을 통해 이민족 앞에 당신을 강력한 분으로 드러내시라고 끊임없이 기도하는 모습만으로도 알 수 있다. 하지만 바오로는 하느님의 약함이 인간의 그 어떤 것보다 강함을 깨닫게 되었다(1코린 1,22-25).

우리가 하느님을 참으로 알고 있는지 아닌지는 십자가를 통해서, 우리가 직면한 고통을 통해서 판가름 난다. 그 약함과 죄스러움, 고통과 아픔 속에서 하느님의 뜻과 강함을 찾아낼 때, 우리에게 주시는 하느님의 은총을 깨닫게 될 때, 우리는 하느님의 약함 속에서 우리의 강함을 발견할 수 있다. 바오로는 사람들에게 설교할 때 자신이 바리사이로서 그리스도인들을 박해했던 사실을 숨기지 않는다(갈라 1,13-14). 또한 자신을 '칠삭둥이'(1코린 15,8)라고 칭하면서 자신의 약점을 한없이 드러낸다. 그것은 바오로가 자신의 약함 안에서도 하느님께서는 당신의 은총을 드러내신다고 확신했기 때문이다(2코린 12,9-10).

십자가에서 우리는 세상의 숨겨진 이면을 꿰뚫어 볼 수 있다. 세상은 훼손됐으며 폭력과 악의, 비겁함과 죄에 찌들어 있다. 그러나 우리는 십자가에서 더 깊은 곳을 본다. 바로 이 모든 악을 뚫고 어김없이 오시는 하느님의 사랑을 알아보기 때문이다. 이 사랑은 예수님 안에서 인간적 약함과 죄스러움, 고통과 아픔으로 내려와 어둠을 빛으로, 약함을 강함으로, 고통을 기쁨으로, 죄스러움을 감사함으로 바꾸며 우리에게 놀라움과 새로움을 안겨 준다. 십자가에 나타난 하느님의 사랑은 추상적인 사랑이 아니다. 난폭함과 잔인함, 충격과 두려움, 곤경에 허덕이는 우리에게 보여 주는 구체적이며 실제적인 사랑이다.

빛으로 오신 예수 그리스도

사울에게 예수 그리스도가 누구신지 환히 밝혀진 것이 다마스쿠스 사건임은 분명하다. 그는 나자렛 예수님이 메시아요 하느님의 아드님이라는 사실뿐만 아니라, 그분의 내밀한 실체도 분명히 깨달았다. 사울은 예수님을 생생한 빛으로 체험한다. 그 빛은 내면의 어둠을 비추고 식은 마음을 덥히며 사랑으로 가득 채운다. 또한 어둠에 가렸던 모든 것을 분명하고 선명하게 보여 준다. 그리스도 예수님과의 만남은 홀연히 자신을 알게 해 준다. 마음 깊은 곳을 들여다볼 수 있게 하고, 자신이 참으로 누구이며 어떻게 살아가야 할지를 깨닫게 해 주는 만남이다. 빛은 또한 사랑의 표지이다. 예수님께서는 당신을 믿고 따르는 사람들을 박해하던 인물을 찾아와 주셨다. 바오로는 자신의 '죽음'에 예수님께서 함께하심을 느꼈을 것이다. 그를 고통과 죽음의 삶(아무것도 보이지 않는 어둠 속에서 먹지도 마시지도 않은 시간)에 버려두지 않으시고, 하나니아스를 보내어 구원해 주시는 예수님의 사랑(9,10-19 참조)을 온몸으로 느꼈다. 그 사랑은 그를 사로잡았고 감격시켰으며, 그를 완전히 변화시켜 온 삶을 예수님께 바치게 했다. 또한 그 사랑은 자신이 배우고 익혔던 모든 성경 말씀을 예수님이라는 빛을 통해서 다시 해석하게 해 주었다. 스테파노가 그랬듯이, 사울에게도 예수님은 모든 말씀을 새롭게 밝혀 주는 열쇠가 되었으며, 그제야 사울은 비로소 성경 말씀의 의미를 제대로 이해할 수 있었다. 이는 예언자들이 끊임없이 질문했던 '하느님은 참으로 누구이신가?'에 대한 답으로서, 그 답은 바로 예수님처럼, 또 어린아이처럼 사랑스럽게 하느님을 '아빠, 아버지'라 부를 수 있게 된 데서 찾을 수 있다. 예수님을 통해 사울은 멀게만 느꼈던 하느님을 가까이에 모시게 되었다. 이것이 자신을 입증하고 말겠다는 의지로 점철된 그릇된 신심을, 하느님께 내맡기는 참된 신심으로 바꾸어 놓은 것이다.

이 압도적인 예수님 체험은 사도로 살아가는 바오로가 방방곡곡으로 나아가 위험과 박해를 무릅쓰고 예수 그리스도를 선포하지 않을 수 없도록 부추긴다. 바오로가 선포한 것은 새로운 메시지가 아니라 예수 그리스도 그 자체였다. 그것도 언제나 그분을 십자가에 못 박힌 분으로 선포했다. 그는 식지 않는 열정과 사랑으로 예수님께 받은 것을 돌려주는 일이 또 다른 사랑의 길임을 알았을 것이다. 루카 복음사가는 사울이 예수님의 사도로서, 그분의 진정한 증인으로서 살아가는 새로운 길을 찾았음을 "일어나 세례를 받은 다음 음식을 먹고 기운을 차렸다"(9,18ㄴ-19ㄱ)라는 회심 이야기의 마지막 말로써 보여 준다. 그리고 "며칠 동안 다마스쿠스에 있는 제자들과 함께 지낸 뒤, 곧바로 여러 회당에서 예수님은 하느님의 아드님이시라고 선포하였다"(9,19ㄴ-20)라고 사울의 행적을 이야기한다. 그렇게 사울은 생명으로 건너가신 영도자 예수님을 따라 새로운 길을 걷기 시작한다. 그 길은 죽음에서 부활로, 누군가를 죽이러 가는 길에서 되돌아 자신을 희생하면서 누군가를 살리는 길이다.

3. 삶의 방향을 바꾸는 길

외딴길을 걷던 에티오피아 내시

루카 복음사가는 회개의 삶이 사울처럼 종교적 신념과 가치를 바꾸는 개종의 의미뿐만 아니라 **삶의 목표와 방향성을 바꾸는 의미**도 있음을 전한다. 이는 '필리포스와 에티오피아 내시의 이야기'(8,26-40)에서 찾아볼 수 있다. 루카가 그리고 있는 에티오피아 내시의 모습과 삶의 방향에 집중하며 성경을 읽어 보자.

먼저 이야기의 배경을 살펴보자. 장소는 "예루살렘에서 가자로 내려가는 길", 곧 "남쪽"의 "외딴길"이라고 표현되어 있다. 여기에서 "남쪽"이라는 단어 '메셈브리아 μεσημβρία'는 '정오'라는 뜻도 있다. 또한 전치사 '카타 κατά'와 함께 쓰이면서 '남쪽을 향하여'라는 뜻도 가지고 있지만 '한낮에, 정오에'라는 뜻도 된다. 또한 "외딴길"로 번역된 '에레모스ἔρημος'는 일반적으로 '광야'로 풀이한다. 주로 물길을 따라 길이 나기 때문에 광야에는 길이 많지 않다. 그러므로 어찌 보면 광야에 난 길은 외딴길이라고 할 수 있다. 다시 말해 천사는 필리포스에게 '유다 광야의 외딴길'이라는 공간적 배경과 '정오'라는 시간적 배경을 제시한다. 이야기의 배경은 내용을 극대화하기 위한 비유적이고 상징적인 장치임을 명심해야 한다. 팔레스티나의 한낮, 특히나 광야의 한낮은 하루 중 기온이 가장 높은 때여서, 야외 활동이나 여행은 거의 하지 않는다. 하지만 천사는 그곳에서, 그 시간에 사람을 만나라고 말한다. 생각해 보자. 풀이라고는 하나도 없는 광야, 모든 것이 타들어 갈 것 같은 한낮에 혼자 길을 간다면 어떻겠는가? 그 외딴길은 걷고 싶은 길이 아니라 어쩔 수 없이 걸어가야 하는 고통의 길일 것이다. 두렵지만 살기 위해 걸을 수밖에 없는 길, 에티오피아 내시는 그런 길을 가고 있다. 그 이유는 뒷이야기를 통해 충분히 짐작할 수 있다.

이제 등장인물을 바라보자. "그는 에티오피아 여왕 칸다케의 내시로서, 그 여왕의 모든 재정을 관리하는 고관이었다"(8,27). 여기서 세 가지를 주의 깊게 살펴보아야 한다. 먼저, 그는 '에티오피아 사람'이다. 유다인들은 에티오피아를 세상 끝에 위치한, 경제와 군사 면에서 굉장히 강한 국가라고 생각했다(2역대 12,3; 욥 28,19; 시편 68,31-32). 또한 에티오피아인은 유다인과 전혀 다른 피부색과 겉모습을 가졌다. 루카는 에티오피아라고 그의 국적을 설명하면서 유다인과는 완전히 다른, 그리고 야훼 하느님 신앙이 없는 환경에서 살아왔음을 강조하고 있다. 두 번째로 그는 '내시'이다. 내시는 어떤 이유로든 거세되어 남성성을 잃은 사람이다. 그 당시 내시는 비정상적이고 무가치한 존재로 간주되었고, 멸시의 대상이었다. 특히 유다인에게 내시는 육체의 결함을 가진 지극히 부정한 존재로서 성전에 출입하거나 공동체에 속할 수 없었다(신명 23,2 참조). 마지막으로 그는 '왕실 재정을 관리하는 고관'이었다. 우리나라와 마찬가지로 고대근동에서도 왕실의 중요한 역할을 거세된 남성들에게 맡겼다. 그중에서도 그가 '왕실 재정을 관리하는 높은 자리'에 있었다는 말은, 그가 재물에 대한 탐욕에 사로잡혀 있던 사람이었음을 의미할 수 있다. 루카는 '에티오피아 내시'라는 사람을 통해 이방인 중에서도 완전한 이방인, 가장 먼 곳에서 온 자, 피부색과 생김새가 완전히 다른 자, 절대 하느님과 계약을 맺어 유다인이 될 수 없는 자(거세된 자로서 할례를 받을 수 없는 존재)임을 드러내고 있다. 또한 그 사람을 죄인이자 멸시와 경멸의 대상으로 말한다. 스스로 내시가 되었다면 무엇을 위해 내시가 되었겠는가? 권력과 돈 때문에 자신의 남성성까지 포기한 것이다. 사람들에게 멸시를 받으면서도 왕실의 권력 아래 막대한 부를 축적하는 것을 삶의 목표로 삼았을 것이다. 그가 가고 있는 길은 바로 권력과 부를 향해 걸어가는 외딴길이다.

외로움의 길에서 기쁨의 길로

하지만 그는 "하느님께 경배하러 예루살렘"(8,27ㄴ)을 찾는다. 권력과 부를 위해 열심히 달려왔던 길에서, 어떤 이유에서인지 의문과 회의감이 들었다. 마치 사울이 스테파노의 죽음 앞에서 느꼈던 것과 같은 혼란과 의문의 시간이었을 것이다. 그래서 우연히 알게 된 하느님에 대해 더 많이, 더 깊이 알고 싶었을 것이다. 그래서 예루살렘의 성전을 찾는다. 그런데 그는 내시였다. 성전에 들어갈 수 없었으니 기껏해야 성전 바깥쪽 변두리에서 사람들의 눈치를 살피며 쭈그리고 있었을 것이다. 성경이 궁금하지만, 누구 하나 자신에게 말을 걸거나 무엇을 어떻게 하라고 알려 주는 사람이 없다. 그래서 그는 그 광야의 외딴길을 한낮에 걷고 있었던 것이다. 하느님에 대해 알고 싶었고, 그래서 자신이 걸어왔던 그 길에서 벗어나 새로운 길을 찾고 싶었지만, '누구 하나 그를 이끌어 주지 않아 아무것도 알지 못한 채'(8,31 참조) 실망과 좌절의 길을 걷고 있었다. 그때 필리포스가 나타나 그를 이끌어 준다. 이사야 예언서의 '주님의 종의 넷째 노래'의 일부(이사 53,7-8)에서 드러난 '주님의 종'의 모습, 곧 굴욕당하고, 권리를 박탈당하며, 힘없는 어린 양처럼 도살되어 산 이들의 땅에서 잘려 나갔다는 말씀은 마치 자신의 모습 같아 공감되었을 것이다. 필리포스는 그 이야기의 주인공이 바로 '예수님'이심을 밝힌다(8,35). 그리고 그 성경 말씀에서 시작하여 예수님에 관한 복음을 전한다. 예수님께서 겪으셨던 모욕과 수난, 부활과 영광스러운 승천의 이야기는 그에게 희망과 위로의 메시지였을 것이다.

루카 복음사가는 세례 장면을 통해 그가 새로운 길로 나아가고 있음을 보여 준다. 내시는 할례를 받을 수 없어 유다 공동체에 속할 수 없었지만, 그리스도 예수님의 복음은 그의 사회적·종교적인 수치를 넘어 장애까지 변화시킨다. 이 이방인은 세례로 다시 태어난다. 그는 이제까지 살아왔던 자신의 가치와 신념이 아닌, 복음의 가치와 신념으로 새롭게 살아갈 것이다. 내시가 세례를 받고 물에서 올라오자 필리포스는 사라지고 내시는 기뻐하며 자신의 길을 간다(8,39). 이 부분에서 '엠마오로 가는 두 제자의 이야기'(루카 24,13-35)가 오버랩된다. 두 제자는 예루살렘에서 예수님의 죽음 이후 실망하여 엠마오로 돌아가던 길에서 예수님을 만났고, 그 길 위에서 예수님께서 성경을 풀이해 주신다. 엠마오에 도착했을 때, 그들은 함께 음식을 먹고 나누면서 예수님을 바라본다. 그때 두 제자의 눈이 열려 예수님을 알아보지만 그분은 사라지시고, 두 제자는 기뻐하며 좌절의 장소였던 예루살렘으로 돌아가 예수님의 부활을 다른 제자들에게 알린다.

    두 이야기의 공통점은, **세상은 전혀 변하지 않았다는 것이다.** 제자들에게도 예루살렘은 여전히 두려움의 장소이고 죽음의 장소이다. 내시에게도 집에 돌아가는 길은 여전히 외롭고 멸시를 받는 길이다. 사람들의 눈에 그는 여전히 비난의 대상이며, 부와 권력을 좇는 악인 중의 한 명일 뿐이다. 바뀐 것은 그의 신념과 가치이다. 이제

내시는 복음의 기쁨 속에 살아갈 것이다. 또 어떤 상황에서도 감사하며 희망을 가질 것이다. 세관장 자캐오(루카 19,1-10)가 그랬던 것처럼, 가난한 이들을 위해 자신이 가진 재물을 기쁘게 나누고 희생할 것이다.

　루카 복음사가는 에티오피아 내시의 이야기를 통해서 회개한다는 것이 무엇인지 우리에게 보여 준다. 곧 **회개는 우리 삶의 가치와 신념에 대한 전환이다.** 다시 말해 삶의 목표를 바꾸는 것이다. 그리고 우리에게 그 삶의 목표는 예수님께서 말씀하신 복음이어야 한다.

4. 계속 걸어가야 하는 길

회개는 하느님께로 돌아섬이며, 하느님 없는 삶에서 떠나 예수님의 복음으로 새롭게 살아가는 것이다. 하지만 사람은 그렇게 쉽게 바뀌지 않는다. 결정적인 순간을 체험하여 모든 것을 버리고 새로운 길을 간다고 하더라도, 이제까지 살아왔던 삶의 패턴과 몸에 밴 습관은 쉽게 변하지 않는다. 우리는 끊임없이 그런 우리의 모습을 바라보고 성찰하며 경계해야 한다. 결국 **회개는 일생에 걸쳐 계속되어야** 한다. 루카 복음사가도 지속적이며 진실한 회개의 모습을 사도행전의 베드로 사도를 통해 보여 주고 있다.

복음서에서도 베드로는 언제나 회개하는 인물의 대표로 묘사된다. 그는 예수님께서 부르신 첫 제자들 중 한 명으로, 부르심을 받았을 때 자신을 죄인이라고 칭하며 예수님께 떠나 달라고 청한다(루카 5,8). 그러나 결국 자신의 모든 것을 버리고 예수님을 따른다(5,11). 예수님께서 체포되어 대사제의 집에서 신문을 받으실 때도 베드로는 예수님을 모른다고 세 번이나 부인하였다. 그러나 자신을 바라보시는 예수님의 시선에 "밖으로 나가 슬피 울었다"(22,54-62). 예수님의 부활과 승천을 체험하고 그분으로부터 '모든 일의 증인'(24,48)이 되라는 명령을 들었지만, 제자들은 처음부터 군중 앞에 나서서 예수님을 선포하지는 못했다. 성령께서 제자들에게 내리신 이후에야 베드로는 힘을 받아 성전으로 달려가 예수님은 주님이시며 메시아라고 선포한다(사도 2,36). 이렇게 그리스도 예수님께서 하느님 나라의 열쇠를 맡기셨던 수제자 베드로(마태 16,19)도 거듭 죄를 짓고 뉘우쳤다.

베드로의 회개와 공동체의 전환

특히 루카는 교회와 사도를 대표하는 인물인 베드로의 변화를 통해 교회 또한 새로워짐을 보여 준다. 로마의 백인대장인 코르넬리우스와 베드로의 이야기(10,1-48)는 사도행전 10장 전체를 구성하는데, 여기서 환시를 체험한 후 하느님의 뜻을 깨달은 베드로 사도를 통해 그리스도를 믿는 공동체는 새로운 전환점을 맞는다. 먼저 전체 이야기의 구성을 살펴보자.

장·절	내용
10,1-8	코르넬리우스의 환시
10,9-16	베드로의 환시
10,17-23	베드로와 심부름꾼의 만남 - 베드로의 회개
10,24-29	베드로와 코르넬리우스의 만남 - 베드로의 환시에 대한 설명
10,30-33	베드로와 코르넬리우스의 만남 - 코르넬리우스의 환시에 대한 설명
10,34-43	베드로의 설교 - 예수 그리스도는 만민의 주님임을 증언
10,44-48	성령강림 - 모든 이, 할례를 받지 않는 다른 민족에게도

10장의 주제는 **'구원의 보편성'**이다. 베드로 사도는 설교(10,34-43)에서 예수님의 이름을 "그리스도"와 "만민의 주님"(10,36)으로 표현하며, "하느님께서는 사람을 차별하지 않으시고, 어떤 민족에서건 당신을 경외하며 의로운 일을 하는 사람은 다 받아 주신다"(10,34-35)는 것을 환시와

코르넬리우스와의 만남을 통해 알게 되었다고 이야기한다. 예수님의 복음을 믿고 따르는 사람은 차별 없이 "누구나"(10,43) 구원받음을 강조하는 것이다. 이 모든 사람이 '새로운 길을 따르는 공동체'의 새로운 구성원이 되었음을 보여 주는 결과가 바로 성령강림이다. 이는 사도행전에 네 번째로 나오는 성령강림 장면으로,* 오순절 성령강림 때 (2,1-4)와 유사하다. 성령으로 가득 차 신령한 언어로 말하기 시작한 것이다(10,46). 루카 복음사가는 여기에서 "할례 받은 신자"와 "다른 민족들"(10,45)을 분명하게 구분 짓는다. 그리고 할례 받은 사람들은 그렇지 않은 사람들에게도 성령이 내림을 보고 놀라워했다고 전한다. 이제 하느님께서는 모든 민족을 당신의 백성으로 받아들이시어, 새로운 공동체 구성원 간에는 차별이 없다. 이 성령강림이 전환점이 되어, 이제 모든 민족을 대상으로 복음 선포가 시작된다. 이 전환점의 발단이 바로 '베드로의 회심'이다. 이제 이 변화의 계기부터 결과까지 차근차근 살펴보자.

---

* ① 오순절에 제자들에게 내리시는 성령(2,1-4), ② 공동체의 기도를 마치자 내리시는 성령(4,31), ③ 사마리아 사람들에게 내리시는 성령(8,17).

몸에 밴 습관에서 벗어나기

베드로는 기도 중에 환시를 체험한다. 그는 환시로 주어진 하느님의 메시지를 바로 깨닫지 못했다(10,10-17). 베드로의 환시 이야기는 그의 사도로서의 모습보다는 전형적인 유다인으로서의 모습을 강조한다. 여기서 그는 매일 시간을 정해 기도를 바치고, 율법에 규정된 정결한 것과 속된 것을 구분하여 더러운 것은 절대 가까이하지 않으려 하는 유다인들의 엄격주의 경향을 보인다. 어쩌면 베드로가 하늘에서 들려오는 명령을 강하게 부정한 것은, 율법을 잘 지키겠다는 의도보다는 그가 살아왔던 삶의 흔적 때문일 것이다. 그는 그러한 자기 삶의 모습이 잘못되었다고 생각하기는커녕 당연히 받아들여야 한다고 생각했을 것이다. 습관은 규칙을 만들고 관습은 우리의 생각을 마비시킨다. 그래서 때로 우리는 예수님의 뜻을 묻지도 않고 당연하게 받아들이거나, 오히려 타성에 젖어 하느님의 목소리를 거부하기도 한다. 예수님을 열렬히 사랑하고 따랐으며, 예수님을 따라 여러 기적을 행하고 복음을 전한 베드로 사도에게도 아직 내려놓아야 할 것, 자신이 의식하지도 생각하지도 못했던 관습과 오류가 존재하고 있었다.

한 걸음 더 나아가 베드로의 환시와 코르넬리우스의 환시를 비교해 보면 베드로의 오류가 잘 드러난다. 코르넬리우스에게 천사가 나타나 야포로 사람을 보내 베드로라고 하는 시몬을 찾으라고 말한다(10,5). 천사가 떠나자 코르넬리우스는 집종 두 명과 군사 한 명을 즉시 야포로 보낸다(10,7-8). 코르넬리우스는 의심하지 않는다. 자기 생각을 말하거나 무슨 이유인지도 묻지 않는다. 그저 가만히 따를 뿐이다. 하느님의 말씀을 경청하고 그 말씀을 의심 없이 실행한다. 하지만 베드로는 달랐다. 하늘에서 들려오는 명령에 "절대 안 됩니다"라고 부정한다. 첫 번째 수난 예고를 하시는 예수님의 말씀을 부정하는 베드로의 모습이 떠오른다(마태 16,22 참조). 베드로는 순종하지 않는다. 하느님의 뜻을 받아들이기보다 자기 생각을 먼저 드러낸다. "하느님께서 깨끗하게 만드신 것을 속되다고 하지 마라"(사도 10,15)라는 두 번째의 목소리에도 그는 수긍하지 못하고 따르지 않는다. 자신의 기준으로 깨끗한 것과 더러운 것을 구분한다. 이러한 일이 세 번이나 거듭되어도 자신의 뜻을 굽히지 않는다(10,16). 베드로는 하느님의 목소리를 경청하는 것 같지만 전혀 듣고 있지 않다. 자신의 생각과 기준과 뜻으로 귀를 막고 눈을 가린다. 몸에 밴 습관과 전통 안에서 지켜 왔던 관습이 그의 눈과 귀를 막아 버린 것이다.

우리 안에도 이제까지 살아왔던 모습이 있다. 우리가 습관처럼 하는 행동들은 인식하기도 어렵고 쉽게 바뀌지도 않는다. 그것이 옳은지, 다른 이들에게 어떤 영향을 주는지도 생각하지 않는다. 그냥 그렇게 살아왔으니 계속 그렇게 살아가는 것뿐이다. 때로는 그런 나의 모습이 정당하다고 여겨 다른 사람들을 그 틀 안에서 판단하기도 한다. 오랜 시간 신앙생활을 했거나 신앙에 더 큰 열의를 가진 사람일수록 그런 관습에 깊이 젖어 있기도 하다. 그럴수록 우리는 더 경청해야 한다. 하느님의 목소리에 귀를 기울여야 한다. 타인이나 나에게서 느껴지는 불편함과 어색함을 통해 하느님께서는 당신의 목소리를 들려주시기 때문이다. "자기가 본 환시가 무슨 뜻일까 하며 베드로가 속으로 어리둥절해하고 있는"(10,17) 것처럼, 우리도 우리의 모습을 살피며 고민해야 한다. **하느님께로 돌아섬, 곧 회개는 그 고민과 갈등에서 시작됨**을 다시 강조하고 싶다.

성령으로 변화하고 변화시키기

이어서 루카 복음사가는 코르넬리우스가 보낸 사람들과의 만남으로 변화된 베드로에 대해 이야기한다. 그가 어떻게 변화했는지는 베드로가 코르넬리우스를 만나서 한 말에 잘 나타나 있다(10,28-29).

유다인들은 세상의 모든 것을 속된 것과 거룩한 것으로 구분한다. 하느님께서 거룩하신 것처럼 자신들도 거룩한 사람이 되기 위해서 속된 것을 먹지도, 만지지도, 가까이하지도 않는다. 음식과 물건뿐 아니라 사람도 마찬가지이다. 그래서 루카는 "다른 민족 사람과 어울리거나 찾아가는 일이 불법"(10,28)이라고 설명한다. 그런데 환시의 뜻에 대해 고민하는 베드로에게 코르넬리우스라는 이방인이 사람들을 보낸다(10,7). 당시 유다인들은 이방인의 집에서 일하는 사람들과 함께 있는 것조차 부정하다고 여겼다. 그들이 거기서 부정한 음식을 먹었는지, 어떤 짓을 저질러 율법을 어겼는지 모르기 때문이다. 하지만 베드로는 "일어나 내려가서 주저하지 말고 그들과 함께 가거라. 내가 그들을 보냈다"(10,20)라는 성령의 말씀에 따라 이의 없이 그들을 자신의 집으로 맞아들여 함께 묵는다(10,23). 환시를 보고 주님의 말씀에 강하게 반대했던 베드로가 이제 성령의 말씀에 순종하고 그대로 행한다. 모든 사람은 하느님께서 창조하셨기에 속되다고 해서는 안 된다는 사실을 깨달은 것이다.

베드로는 코르넬리우스의 집에서 설교하면서 자신이 깨달은 바를 이야기한다(10,34-43). 베드로의 이런 깨달음은 새로운 길을 걷는 모든 사람을 차별 없이 받아들이는 중요한 계기가 된다. 나아가 베드로는 자신의 체험과 깨달음을 예루살렘 교회에 보고한다(11,1-18). 하지만 그들은 아직도 예전의 베드로처럼 선민의식에 사로잡힌 채 유다인의 관습과 전통에 얽매여 사람들을 차별하였다. 그래서 할례 받은 신자, 곧 유다계 그리스도인들이 베드로에게 따진다. "당신이 할례 받지 않은 사람들의 집에 들어가 그들과 함께 음식을 먹다니요?"(11,3). 베드로는 그들에게 "하느님께서는 우리가 주 예수 그리스도를 믿게 되었을 때에 우리에게 주신 것과 똑같은 선물을 그들에게도 주셨는데, 내가 무엇이기에 하느님을 막을 수 있었겠습니까?"(11,17)라고 말하며 하느님의 뜻이 진정 무엇인지 스스로 답을 찾도록 초대한다. 이런 고민을 통해 교회 전체가 변화한다. "그들은 이 말을 듣고 잠잠해졌다.

그리고 '이제 하느님께서는 다른 민족들에게도 생명에 이르는 회개의 길을 열어 주셨다' 하며 하느님을 찬양하였다"(11,18). 하느님의 뜻을 깨닫고 변화된 한 사람으로 인해 교회 전체가 변화된다. 하느님을 체험하고 그분의 뜻을 서로 나눌 때 교회 공동체는 변화된다.

유다인과 이방인의 구원에 대한 교회의 인식도 단번에 변화되지는 않았다. 이 문제는 바오로의 이방인 선교로 인해 다시 제기되었고, 예루살렘에서는 회의가 열린다(15,1-21). 베드로는 여기에서도 하느님께서 유다인과 이방인 사이에 차별을 두지 않으셨음을 감동적으로 설교한다(15,7-9). 그는 그리스도인이나 어떤 특별한 사람만이 아닌 이방인들을 포함한 모든 사람에게 성령께서 내리셨음을 증언하며 모든 이의 구원을 역설한다. 하느님의 입장에서 보면 그리스도인과 비그리스도인 사이에는 아무런 차이가 없다. 무릇 성령을 받은 사람이란 이방인들에게도 성령이 부어졌음을 인정하고 그들을 차별 없이 대하는 사람이다. 성령을 받고도 '그리스도인'과 '비그리스도인'을 차별하는 것은 "하느님을 시험하는 것"(15,10)이다. 하느님의 백성은 믿는 이들의 공동체이다. 그리스도인이란 이를 인정하면서 '그들의 믿음을 보시고 그들의 마음을 정화하시는' 하느님을 믿는 사람들이다. 교회의 회개는 더디기만 하다. 자신의 잘못을 인정하는 데 오래 걸리기도 하고, 시대의 징표를 제대로 보지 못하면서도 그것이 성령께서 함께하시는 일이라며 자부할 때도 있다. 하지만 하느님께서는 변화에 굼뜬 교회 안에서 활동하시며 우리를 끊임없이 생명과 은총의 삶, 곧 회개의 삶으로 이끌고 계신다. 한 사람의 변화가 결국 교회 공동체의 변화를 이끄는 단초이며, 회개는 한 번으로 완성되지 않음을 잊지 말아야 한다.

회개의 때는 정해져 있지 않다. 매 순간 하느님의 말씀과 성령의 도움으로 세상과 나를 새롭게 바라보고, 우리 신앙생활을 성찰해 보자. 습관적으로 미사전례에 참여하고, 자기만족과 안일함에 빠져 형식적인 신앙생활을 하고 있지 않은가? 이 때문에 다른 이들이 상처받고 교회를 떠나간 적은 없는지 되돌아 보자. 죄로 인한 부끄러움과 두려움에 갇혀 하느님과 이웃으로 향하는 문을 잠가서는 안 된다. 용기를 내어 하느님께로 돌아서자. 하느님께서는 우리와 함께 당신 나라를 확장하기를 기다리신다.

VI

세상을 향하여, 증언의 삶

'담다' 그리고 '닮다'

사제의 꿈을 안고 들어간 신학교에서 10년 동안 가장 많이 들은 라틴어 격언이 있다. "Alter Christus." 제2의 그리스도가 되라는 말씀이다. 세상 속에서 또 다른 그리스도로 살아야 함을 강조하는 이 말씀은, 비단 사제만이 아니라 모든 그리스도인이 걸어가야 할 삶의 목표이다. 우리는 그리스도를 닮아 가야 한다. 예수 그리스도의 시선으로 세상을 바라보며, 그분의 가치와 신념으로 사람들을 대하고, 그분께서 가신 길을 따라가며, 그분을 닮는 것이 우리의 목표이다. 예수님을 닮기 위해서는 예수님을 마음속에 담고 살아야 한다. 신학생 시절, 필자는 예수님을 마음에 담기 위해 많은 것을 배웠다. 예수님은 어떤 분이신지, 어떤 삶을 살아가셨고 십자가의 죽음은 무엇을 위한 것인지를 배우며, 이를 마음과 삶에 담으려 노력했다. 그리고 지금은 매일 복음을 묵상하고 미사를 거행하며 예수님을 담으려 최선을 다하고 있다. 예수님을 우리의 삶 속에 '담아 갈' 때, 우리는 예수님을 '닮아 갈' 수 있다. 사랑하는 사람들은 닮는다고 한다. 전혀 다른 사람이 만나, 오랜 시간 함께 지내며 서로를 바라보고 아끼며 살다 보면 어느 순간 닮는다. 서로를 위해서 자신을 내어놓고, 상대를 자신의 삶 속에 담고자 애쓴 시간 때문일 것이다.

루카 복음사가도 '사도'들은 예수님을 담고 산 사람임을 자신의 이야기 속에 그리고 있다. 예수님의 십자가 죽음과 닮은 순교의 길을 걸어간 스테파노(7,54-60), 반대를 무릅쓰고 용기를 내어 성전에서 복음을 선포하며 기적을 일으켰던 베드로(3,1-26), 성령의 말씀을 풀이해 주고 위로와 희망의 메시지를 전달한 필리포스(8,26-40), 그리고 세상에 복음을 선포하고 사람들을 회개시켜 새로운 하느님의 백성으로 모아들이고자 여행을 떠났던 바오로 사도 등. 이들 모두 예수님을 닮았다. 특히 사도행전의 후반부를 장식하는 바오로 사도의 선교 여행은, 하느님으로부터 세상에 파견되어 구원자로서의 임무를 행하셨던 예수님의 복음 선포 여정을 닮았다. 루카는 자신의 첫 번째 책에서 예루살렘을 향해 순례하는 '하느님의 순례자, 길

위의 순례자'로 예수님을 묘사한다. 하느님에게서 파견되신 예수님(참조: 루카 2,13-14; 3,21-22; 4,18)께서는 세상 여정을 마친 후 다시 하늘로 돌아가는 순례자로서 죽음과 부활, 승천으로 이어진 길 위에 계신 분이다. 예수님께서는 그 길에서 많은 사람을 만나 함께 걸으며 위로해 주셨다. 때로는 고난과 역경이 그분 앞을 가로막았지만, 그분은 사랑과 희망, 믿음으로 당신의 길을 묵묵히 걸어가셨다. 이 여정은 단순히 예수님의 여정만이 아니다. 이는 인간의 역사에 끊임없이 개입하신 하느님께서 행하신 구원 역사의 여정이다. 루카 복음사가는 바오로의 선교 여행을 예수님의 순례에 빗대어서 이야기한다. **바오로의 선교 여행의 원칙이 곧 예수님의 순례의 원칙**이기 때문이다. 그리고 그 원칙은 우리의 원칙이 되어야 한다. 우리는 예수님을 증언하고 따라야 할 오늘의 '사도'이기 때문이다.

1. 바오로 사도의 열정

마르지 않는 샘

먼저 사도행전 후반부에서 전하는 사도 바오로의 선교 여정을 간단하게 살펴보자. 다마스쿠스로 가는 길에 부활하신 예수님을 만난 바오로는, 다마스쿠스에서 "꽤 긴 기간" 동안 머물러 있다가 유다인들이 그를 죽이려고 하자 도망쳐 나온다(9,23-25). 그는 예루살렘으로 가서 제자들과 함께 어울려 살았지만, 그리스계 유다인들이 그를 죽이려 한다는 사실을 알게 된다. 제자들은 바오로를 카이사리아로 데려갔다가 그의 고향 타르수스로 보낸다(9,26-30). 그러고 나서 바르나바와 함께 안티오키아에서 선교 여행을 시작(11,19-26)하기 전까지 바오로의 모습은 사도행전에서 찾아볼 수 없다. 아마도 바오로는 예수님을 자신의 삶과 마음

속에 '담기' 위한 작업을 했을 것이다. 곧, 앞으로의 사명 수행을 준비한 것이다. 바오로는 타르수스에서 그에게 익숙했던 사람, 성경, 율법, 회당, 신앙을 완전히 달라진 시각으로 바라보았을 것이다. 예수님에게서 드러난 하느님 사랑의 새로운 체험(로마 8,37-39)은 그의 시각을 바꾸어, 그가 전에는 보지 못했던 새로운 가치를 발견하게 해 주었을 것이다. 마치 누군가를 사랑하게 되면 전에는 미처 보지 못했던 가치를 상대방 안에서 발견하게 되는 것과 같다. 그렇게 바오로는 예수님을 '담아', 이제 예수님을 '닮은' 여정을 떠난다.

루카 복음사가는 13장부터 28장까지 사도 바오로의 선교 여행을 이야기한다. 그 여정을 요약하면 네 부분으로 나눌 수 있다.

선교 여행	지역 및 경로
1차 선교 여행 (13,1-15,35)	시리아의 안티오키아 → 키프로스(셀레우키아 - 살라미스 - 파포스) → 피시디아의 안티오키아(팜필리아의 페르게 - 피시디아의 안티오키아) → 이코니온 → 리카오니아 지방의 리스트라(데르베) → 시리아의 안티오키아로 귀환(리스트라 - 이코니온 - 피시디아의 안티오키아 - 팜필리아 - 페르게 - 아탈리아 - 시리아의 안티오키아) → 예루살렘(사도 회의) → 시리아의 안티오키아
2차 선교 여행 (15,36-18,22)	시리아와 킬리키아 지방(데르베 - 리스트라 - 이코니온) → 마케도니아 지역의 선교 시작(프리기아 - 갈라티아 - 미시아 - 트로아스 - 사모트라케 - 네아폴리스 - 필리피) → 테살로니카(암피폴리스 - 아폴로니아 - 테살로니카) → 베로이아 → 아테네 → 코린토 → 시리아 안티오키아로 귀환(켕크레애 - 에페소 - 카이사리아 - 예루살렘 - 시리아의 안티오키아)
3차 선교 여행 (18,23-21,17)	갈라티아 지방과 프리기아 지방 → 에페소(여러 내륙 지방을 거쳐서) → 마케도니아 지방과 그리스 지방(여러 지방을 거쳐서) → 시리아의 안티오키아로 귀환[마케도니아 지방 - 필리피 - 트로아스 - 아쏘스 - 미틸레네 - 키오스 섬 - 사모스 섬 - 밀레토스 - 코스 - 로도스 - 파타라 - 티로 - 프톨레마이스 - 카이사리아 - 예루살렘(성전에서 체포)]
로마 호송 여정 (21,18-28,31)	예루살렘 → 안티파트리스 → 카이사리아 → 배를 타고 로마로 출발(시돈 - 킬리키아와 팜필리아 앞바다 - 리키아의 미라 - 크니도스 - 크레타섬) → 폭풍을 만남(바다에서 표류) → 몰타 → 로마로 항해(시라쿠사 - 레기움 - 푸테올리 - 로마)

《성서와함께 성경지도》(개정판), 지도 18

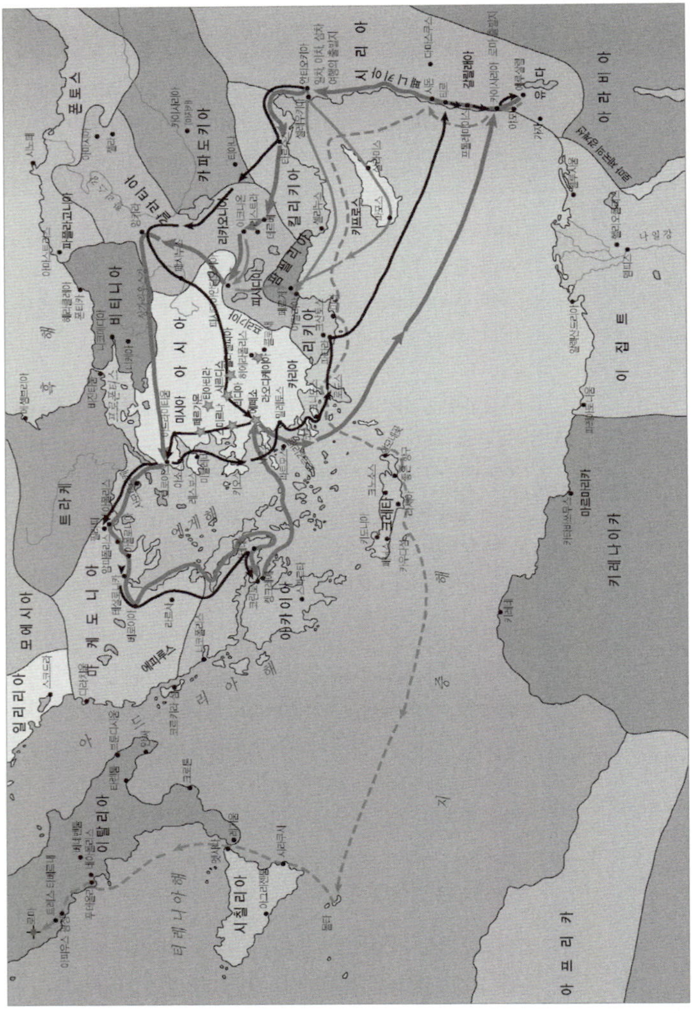

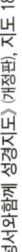

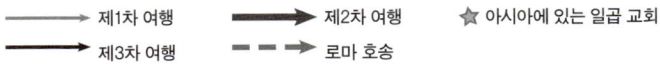

〈바오로 사도의 선교 여행〉

제1차 여행 / 제2차 여행 / ☆ 아시아에 있는 일곱 교회
제3차 여행 / 로마 호송

바오로 사도는 선교를 위해 10여 년 동안 약 16만 킬로미터를 돌아다녔다. 당시는 오늘날처럼 교통수단이 편리하지 않아 걷거나 수레를 타는 것이 고작이었다. 뱃길에서는 유람선이 아닌 나룻배 같은 작은 범선을 탔을 것이다. 사도는 그의 서간에서 이 여행이 얼마나 힘들고 어려웠는지 이야기한다(2코린 11,23-28).

> 마흔에서 하나를 뺀 매를 유다인들에게 다섯 차례나 맞았습니다. 그리고 채찍으로 맞은 것이 세 번, 돌질을 당한 것이 한 번, 파선을 당한 것이 세 번입니다. 밤낮 하루를 꼬박 깊은 바다에서 떠다니기도 하였습니다. 그 밖의 것들은 제쳐 놓고서라도, 모든 교회에 대한 염려가 날마다 나를 짓누릅니다(2코린 11,24.28).

낯선 곳으로 떠나는 두려움도 크지만, 그보다 더 큰 두려움은 숱한 고난으로 인해 몸이 먼저 반응하는 두려움이다. 세 번에 걸친 선교 여행은 바오로에게 그런 두려움의 연속이었을 것이다. 그럼에도 그가 용기를 내어 떠날 수 있었던 까닭은 매 순간 하느님을 만났기 때문이다. 크고 작은 고통으로 점철된 낯설고 두려운 상황에서도 하느님께서는 바오로에게 계속해서 당신을 드러내 보여 주신다. 선교 여행 중 그가 겪은 모든 것은 하느님의 말씀을 듣는 장소이자, 그 말씀을 실천하는 무대가 된다. 그것은 바오로에게 마르지 않는 생명의 샘물과 같았기에, 그는 견디고 버틸 수 있었다. 아니, 참아 냈다기보다 감사하고 행복했을 것이다.

유학 시절, 의무감으로만 삶을 살 수는 없다고 하신 어떤 신부님의 말씀이 생각난다. 당시 필자는 공부 때문에 사제 생활에 회의를 느끼진 않았지만, 내가 기뻐하고 행복할 수 있는 일을 하고 싶었다. 하지만 교회에서 맡긴 임무이기 때문에 견디며 살았다. 책임과 의무만으로 유지된 삶은 분명 어느 순간 한계에 부딪히게 된다. 그리스도인의 삶을 지탱하는 것은 하느님이시다. 우리는 우리 삶 속에 함께 계신 하느님을 발견하고 그분의 사랑을 느껴야만 버틸 수 있다. 당시에는 몰랐다. 그냥 힘들고 무거운 멍에로만 생각했었다. 지금도 맡은 역할 때문에 버겁기는 마찬가지다. 내가 잘할 수 있을지 매일 의심하면서 의무감을 갖고 살아간다. 하지만 그때와는 다르다. 십자가를 묵묵히 받아들이고 해야 할 일을 묵묵히 할 때, 그 안에 하느님께서 언제나 함께해 주심을 느낀다. 하느님께서는 늘 새로운 모습으로 매 순간 찾아오셔서 용기와 힘을 북돋아 주신다. 다른 방법은 없다. 바오로처럼 온몸으로 십자가의 무게를 느끼고, 그 안에서 하느님의 얼굴과 예수님의 사랑을 발견하는 것이 그리스도인으로 살아가는 유일한 방법일 것이다.

바오로의 선교 전략

바오로는 복음이 전해지지 않은 곳에 우선적으로 복음을 전하기 위해 노력했다. 그는 일정한 패턴과 전략을 갖고 선교 여정을 기획했는데, 이처럼 계획적이고 조직적인 선교 기획에서 그의 인간적 고뇌를 엿볼 수 있다.

가장 먼저, 바오로의 선교 여정의 패턴을 알아보자. 거점은 언제나 시리아의 안티오키아이다. 낯선 장소를 여행하기 위해서는 여행을 준비하고 몸도 추스를 베이스캠프가 필요하다. 바오로는 그 장소를 안티오키아로 정한 듯하다. 또한, 모든 중요한 결정과 논의가 이루어지는 곳은 예루살렘이다. **그리고 바오로는 꾸준히 예루살렘 교회와 교류하고 결속한다.** 바오로와 바르나바가 선교 여행을 떠나기 전 안티오키아에 머무르고 있을 때, 예루살렘 교회는 큰 기근으로 고생하였다. 그러자 그들은 예루살렘 교회를 위해 구호 헌금을 모아 보낸다(11,27-30). 바오로는 이방인들의 할례 문제를 해결하기 위해서도 예루살렘에 올라간다. 그는 어떤 문제든지 사도들에게 조언을 듣고 교회에 그 결정을 묻는다. 자신이 설립한 교회들의 경우에도 독단적으로 결정하지 않고 예루살렘 교회의 원로들과 함께 논의하여 결정한다(15,2). 두 번째 선교 여행을 마칠 때에도 "바오로는 카이사리아에 내려 예루살렘으로 올라가 교회에 인사한 다음, 안티오키아로 내려갔다"(18,22). 자신의 선교 여정의 성과를 보고하고 안부를 묻기 위함이다.

첫 번째 선교 여행은 바오로 사도에게 익숙하고 또 그가 제일 잘 아는 그의 고향 타르수스를 중심으로 이루어진다. 소아시아 주변 팜필리아와 이코니온, 그리고 피시디아 지역이다. 두 번째 여행에서도 바오로는 이 지역에서의 선교 활동을 고려했지만 성령께서는 아시아를 넘어 유럽으로 바오로의 선교 방향을 돌리신다. 그래서 그는 마케도니아와 그리스 지역으로 떠난다(16,6-9). 바오로는 세 번째 여행에서는 새로운 지역을 개척하기보다 기존에 설립된 교회 공동체를 방문하여 격려한다. 그래서 그는 에페소 사람들에게 약속한 대로 그곳을 방문하여 3년을 머물며(18,21; 20,31), 교회 지도자로서의 역할과 공동체를 이끌어 가는 방법을 가르친다.

세 번째 전략은, 늘 동료와 여행한다는 것이다. 우선, 안전을 보장하기 위해서이다. 당시의 여정은 매우 위험했다. 로마 제국은 여행객의 안전을 위해 크고 넓은 길에는 30킬로미터 간격으로 숙소를 마련했지만, 작은 길들은 위험하여 경호원을 고용해야 하는 경우도 허다했다. 또한, 예수님께서 일흔두 제자를 파견하실 때 둘씩 짝지어 보내신 것을 염두에 두었을 수 있다(루카 10,1). 첫 번째 여행은 바르나바와 요한 마르코와 함께했고(사도 13,2-5), 두 번째 여행은 실라스와 동행했다(15,36-40). 두 번째 여행이 끝나갈 무렵에는 코린토에서 만난 프리스킬라와 아퀼라 부부가 함께했고(18,18), 마지막 여행에는 티모테오를 대동하였다. 그리고 이들뿐 아니라 다른 동료들도 여럿 있었다(19,22; 20,4-6; 21,16).

로마 제국의 대도시(안티오키아, 아테네, 코린토, 에페소, 로마 등)를 거점으로 삼아 여행한 것도 그의 중요한 전략 중 하나이다. 어떤 학자들은 시리아의 안티오키아에

약 50만 명, 에페소에 45만 명, 코린토에 60만 명, 로마에는 100만 명 가까운 주민들이 살았다고 주장하니, 얼마나 많은 사람이 대도시에 모여 살았는지 알 수 있다. 대도시들은 팔레스티나의 내륙 도시와는 그 환경이 완전히 달랐는데, 그리스-헬레니즘 문화권의 영향을 받아 그리스-로마의 생활 방식과 사고방식, 제도와 법이 자리 잡고 있었다. 이런 대도시의 주민들은 다른 문화와 종교를 받아들이는 데 개방적이어서 복음을 수용할 여지가 컸을 것이다. 또한 대도시는 풍부한 자원을 활용하여 주변 지역으로 복음을 전하기도 편리하므로, 그는 대도시의 이런 특징을 최대한 살려 선교 활동을 했을 것이다. 바오로는 대도시 안에서도 불특정 다수의 사람이 많이 모이는 시설에서 복음을 선포했는데, 회당(14,1), 신전(14,13; 19,27), 광장(16,19; 17,17), 감옥(16,23), 재판정(18,12), 극장(19,29), 학원(티란노스: 19,9) 등이다.

또 다른 특징은, **단계별로 대상을 정해 선교하였다**는 것이다. 바오로는 유다인이며 바리사이였다. 율법과 성경에 대해서 누구보다도 잘 알고 있었기에 율법을 철저하게 준수하는 것이 얼마나 헛된 일인지를 알리고자 유다인들을 먼저 찾아간다. 먼저 도시의 회당이나 유다인의 기도처에서 복음을 전하고, 그들이 받아들이지 않으면 돌아서서 다른 민족에게 복음을 선포했다. 그러는 과정에서 유다인이나 지역의 유지들(시민들을 대상으로 권력을 행사하거나 돈벌이를 하는 사람들)의 방해로 박해를 받아 내쫓기거나, 혹은 복음을 받아들인 몇몇 사람들을 중심으로 공동체를 설립한 뒤 그곳을 떠나는 패턴을 보인다.

마지막 선교 전략은, **자신이 가진 능력과 재능이 무엇인지 알고 이를 사용**하는 것이다. 앞서 살펴보았듯이 바오로는 바리사이로서 율법과 성경을 잘 알았고, 대도시 출신이어서 다양한 교육과 문화에 적응해 있었다. 또한 여러 가지 언어를 구사할 수 있었던 것도 이방인들의 선교에 도움이 되었을 것이다. 바오로는 자신이 무엇을 잘할 수 있는지, 무엇에 최선을 다해야 최대한의 효과를 얻을 수 있는지 잘 알았다. 또한 바오로의 주위에 사람들이 많았다는 것은, 그만큼 그가 겸손했다는 뜻일 것이다. 그는 자신의 권위나 능력을 뽐내지 않고, 그저 헌신하고 봉사하면서 선교지의 사람들과 친해졌다. 천막 짜는 일을 하면서 스스로 생계를 책임졌고, 누구든 차별하지 않고 받아들이며 동등하게 대했다.

내가 가진 장점은 무엇인가? 하느님의 복음을 전하

기 위해서 내가 잘할 수 있는 것은 무엇이며, 이를 어떻게 사용해야 하는가? 그냥 맡겨진 일, 시키는 일만 하며 수동적으로 살고 있지 않은지 자신에게 질문해야 한다. 우리는 모두 성령께서 주시는 선물을 받았다. 자신이 받은 선물이 무엇인지 잘 깨달아, 이를 통해 다른 이들에게 복음을 전하는 것은 오늘을 살아가는 우리의 의무이며 책임이다. 또한 성령께서 주신 선물은 원래부터 내 것이 아님을 명심해야 한다. 자기 욕심을 채우고 자신의 공동체를 만들기 위해 사용해선 안 된다. 그래서 **겸손해야 한다.** "그분은 커지셔야 하고 나는 작아져야 한다"(요한 3,30)라는 세례자 요한의 말씀처럼, 오직 하느님만이 커지시고 드러나셔야 한다. 그런 하느님을 고백하는 사람만이 하느님의 복음을 세상에 전하는 사도로서 살아갈 수 있다.

2. 예수님을 닮은 바오로의 여정

바오로 사도에게 무엇보다도 중요했던 선교의 원칙은, 예수님처럼 살아가는 것이었다. 하느님께 파견된 예수님께서는 인간 가운데 사시며 하느님 나라의 복음을 선포하셨고, 당신이 선포하신 하느님 나라를 당신의 말씀과 행적으로 생생히 보여 주셨다. 바오로 사도는 "이제는 내가 사는 것이 아니라 그리스도께서 내 안에 사시는 것"(갈라 2,20)이라고 스스럼없이 이야기할 정도로, 예수님과 하나가 되어 그분의 삶을 살아가고자 했다.

예수님께서는 고향 나자렛에서 시작하여 수난과 죽음, 부활과 승천의 장소인 예루살렘에 이르기까지 지상 여정에서 당신만의 특별함을 가지신다. 루카는 사도행전에서 바오로와 예수님의 여정을 병행하는 방식으로 예수님과 일치된 그의 삶을 조명한다.

############ 먼저 찾아가는 순례

(1) 예수님의 길

예수님께서 보여 주신 순례의 첫 번째 원칙은, **먼저 찾아가시는 것**이다. 루카는 예수님의 탄생을 하느님께서 당신 백성을 찾아오신 사건으로 설명한다(루카 1,68.78 참조). 이는 예수님의 공생활 중에도 언급된다. 그분께서는 나인이라는 고을을 지나시다가 과부의 아들을 다시 살리신 기적을 행하신 바 있다. 이 모습을 목격한 사람들은 두려움과 경외심에 가득 차 "우리 가운데 큰 예언자가 나타났다", "하느님께서 당신 백성을 찾아오셨다" 하며 하느님을 찬양한다(7,16). 이때 '방문하다, 찾아오다'로 번역된 단어, '에피스켑토마이ἐπισκέπτομαι'는 원래 '보다', '바라보다', '살펴보다', '돌보다', '양육하다'라는 뜻을 가진다. 예수님께서는 누군가를 만나고, 살피고, 돌보기 위하여 먼저 찾아가신다. 더 비참하고, 가난하고, 고통스러운 곳을 찾아가신다.

      그분은 우리가 제대로 보기를, 우리 안에서 진정한 본질과 만나 새롭게 태어나기를 바라시며 우리를 먼저 바라보시고, 찾아오신다. 자캐오의 이야기(19,1-10)를 살펴보면 '찾아오심'의 의미를 잘 파악할 수 있다. 자캐오는 예수님을 찾았지만, 그분을 볼 수는 없었다. 키가 작았기 때문이다. 자캐오는 예수님을 보기 위해 돌무화과나무 위에 올라갔다. 하지만 수많은 군중의 얼굴 사이에서 먼저 그를 발견하시고 시선을 들어올려 말씀을 건네시는 분은 예수님이시다. 그분은 우리가 우리 구원을 위하여 무엇을 해야 할지 미처 깨닫기 전에 먼저 우리에게 손길을 내미신다. 자캐오를 바라보시는 예수님의 시선은, 그동안 자캐오가 다른 이들에게 받아 온 시선과는 다르다(19,7). 예수님은 그의 어려움과 상실감을 감싸 주시고 위로해 주신다. 이로써 자캐오는 완전히 다른 사람으로 변한다. 돈만 좇던 그가 가난한 사람들을 위해 재산을 나누어 주는 사람으로 변화한다(19,8). 그 외에도 우리를 먼저 찾아오시는 예수님의 모습은 성경 곳곳에서 찾아볼 수 있다. 당신을 세 번이나 배반한 베드로에게 먼저 위로의 시선을 보내신 분도 예수님이시고(22,61), 부활 이후 엠마오로 가던 제자들에게 먼저 다가가신 분도 바로 예수님이시다(24,15).

이런 예수님의 '찾아오심'은 바로 하느님께서 인간을 구원하시는 방식이다. 이스라엘 백성을 이집트에서 탈출시키기 위해서 하느님께서 나타나시는 장면을 보자. 먼저 모세에게 나타나시고, 먼저 말씀을 건네시는 하느님께서는 이스라엘 백성의 고통을 이미 다 알고 계신다(탈출 3,1-10 참조). 그렇게 하느님께서는 인간을 구원하기 위해 먼저 인간을 찾아오시고, 당신의 자비로 우리를 돌보아 주신다.

(2) 바오로의 길

바오로의 선교에서도 먼저 찾아 나서는 모습을 볼 수 있다. 바오로는 언제나 낯설고 힘든 곳을 먼저 찾아 나선다(사도 13,4.6.13-14; 14,21-25; 16,4-5; 19,22; 20,2; 21,4.7 참조). 하지만 알 수 없는 세계로의 여행은 두렵고 떨리는, 어쩌면 무모한 모험일 수도 있다. 하느님께서 언제나 우리를 보호하시고 지켜 주신다는 확신이 없다면, 그 모험은 실행할 수 없다. 바오로 사도 역시 낯선 곳으로 누군가를 찾아가는 길은 두려웠을 것이다. 바오로는 첫 번째 여행을 떠나기 전, 그에게 사명을 부여하시는 성령의 목소리를 듣는다(13,2). 두 번째 여행에서도 그는 성령에 이끌려 더 낯설고 위험한 곳으로 보내진다(16,6-7). 그러나 그를 먼저 찾아오시는 성령을 체험하고 두려움 속에서도 그와 함께하시는 주님에 대한 믿음으로, 미지의 세계를 향해 새로운 발걸음을 내디딜 수 있었다.

바오로 사도의 '찾아감' 역시 예수님께서 그러하셨듯이 직접 만나 돌보기 위해서였다. 바오로 사도는 두 번째 선교 여정을 시작하면서 바르나바에게 "자, 우리가 주님의 말씀을 전한 모든 고을로 형제들을 찾아가 그들이 어떻게 지내고 있는지 살펴봅시다"(15,36) 하고 말한다. 그리고 세 번째 여행을 떠날 때도 "다시 길을 떠나, 갈라티아 지방과 프리기아를 차례로 거쳐 가면서 모든 제자들의 힘을 북돋아 주었다"(18,23). 바오로가 사람들을 염려하는 모습은 에페소 원로들에게 전하는 당부(20,17-38)에서 잘 찾아볼 수 있다. 그는 박해의 상황 속에서도 언제나 용기를 잃지 않기(20,29-30)를, 그리고 더 약한 이들을 돌보아 주기(20,35)를 당부한다. 그렇게 바오로는 언제나 그가 세운 공동체의 아픔과 어려움을 먼저 바라보고, 함께 아파하였으며, 자신의 체험을 통해 얻은 노하우를 전해 준다.

(3) 그리스도인의 삶

우리가 잘못 생각하고 간과하는 것 가운데 하나는 우리가 먼저 하느님을 찾았다고 생각하는 것이다. 때로는 내가 바라는 것을 청해야만 하느님께서 알아 주신다고 생각할 때도 많다. 예비 신자들에게 천주교 신자가 되려는 동기를 물으면 '마음의 평화를 얻기 위해서'라는 대답이 가장 많다. 그렇게 우리는 필요에 의해 하느님을 찾았고, 신앙을 받아들였다고 생각한다. 하지만 우리가 잊은 하나의 진리는, 우리가 하느님을 찾은 것이 아니라 **하느님께서 우리를 먼저 찾아오신다**는 것이다. 우리가 의식하지 못하는 순간에도 예수님께서는 우리를 찾아오시고, 먼저 말씀을 건네시고, 손을 내밀어 주신다. 우리가 자신의 아픔에만 매몰되어 우리 곁에 계신 그분을 보지 못했을 뿐이다. 시간이 지나 우리가 힘들고 어려웠던 때의 기억을 떠올리면, 항상 우리보다 먼저 우리를 바라보시고 우리와 함께 아파하신 예수님을 찾을 수 있을 것이다.

한편, 우리는 어떻게 예수님과 바오로의 순례의 원칙을 살아갈 수 있을까? 우리의 일상은 마치 바오로의 선교 여정처럼 모험의 연속이다. 어떤 일이 일어나고 어떻게 전개될지 알 수 없다. 무엇인가 열심히 준비하며 살고 있지만, 준비한 대로 모든 일이 이루어지지는 않기에 두려움은 더욱 커진다. 시시때때로 우리 삶에 찾아오는 두려움 앞에서, 우리는 바오로가 그러했던 것처럼 **우리를 먼저 찾아오시는 성령을 느껴야 한다.** 성령께서 우리 곁에 계심을 깨달아야 한다. 성령께서는 우리 여정의 방향을 알려 주시고, 용기와 희망을 불어넣어 주실 것이다.

예수님께서 당신의 제자들을 파견하면서 가장 먼저 하신 말씀은 "가거라!"(루카 10,3)라는 명령이다. 예수님을 따라나서는 첫 발걸음이 없다면, 그분께서 주시는 구원의 삶을 우리 안에서 이룰 수 없다. 예루살렘 성지에서 '십자가의 길via dolorosa'을 걷다 보면, 예수님께서 세 번째로 넘어지셨던 장소가 나온다. 골고타 언덕이 보이는 곳이다. 모든 기력이 다해 넘어지신 그 자리에서, 예수님께서는 당신이 죽을 자리를 바라보셨다. 그러나 왜 다시 일어나셨을까? 왜 그 죽음의 자리를 향하여 걸어가셨을까? 왜 그 힘들고 두려운 마지막 여정을 걸어가셨을까? 그냥 일어나지 않았다면 더 이상 고통도 없었을 텐데 말이다. 예수님께서는 자신을 위해서 그 길을 걸으신 것이 아니다. 모든 사람의 죄를 대신하는, 모든 사람의 구원을 위한 길이었기에, 다시 일어나 걸으셨다.

교회는 끊임없이 변방으로, 새 땅으로 가라는 성령의 재촉을 받는다. 예수님처럼 먼저 찾아가고 환대하며, 버림받고 소외된 사람을 돌봐야 한다. 하지만 지금의 교회는 내부에 안주하며 모험을 감행하기보다 가진 것을 지키려는 노력에만 급급하다. 그리고 우리의 모습도 크게 다르지 않을 것이다. 하느님께서 누군가의 돌봄이 필요한 연약한 아기의 모습으로 우리에게 오셔서 우리와 똑같은 고통 속에서 죽어 가셨던 것처럼, 우리도 가장 힘없고 고통받는 곳에 먼저 다가가야 한다. 그것이 바오로가 지켜낸 선교 여정의 첫 원칙이다.

동행의 순례

(1) 예수님의 길

예수님의 두 번째 원칙은 **동행**이다. 예수님은 혼자 여행하지 않으셨다. 갈릴래아에서 공생활을 시작하실 때부터 당신의 제자들을 직접 부르시어(루카 5,1-11) 그들과 함께 다니셨다. 열두 명의 제자들뿐만 아니라, 일흔두 명의 제자들(10,1-20)과도 함께하셨고, 몇몇 사람에게는 당신을 따르라고 이르셨다. 십자가를 짊어지고 가신 길에서도 제자들은 다 떠나갔지만, 많은 이가 예수님과 함께했다(23,27-32). 심지어 예수님께서는 십자가 위에서도 죄인을 용서하시며, 그를 천국으로 인도하셨다(23,42-43). 그분은 물리적으로 같이 걸으실 뿐만 아니라 그들의 삶에 동행하신다. 힘없는 사람들의 아픔과 괴로움에 함께하셨고(4,40-44), 배고픈 이들의 굶주림에 함께하셨다(9,10-17). 사랑하는 이를 잃고 눈물을 흘리는 이들의 슬픔과 절망에(7,11-17), 고개를 들지 못하는 죄인들의 뉘우침에(7,36-50), 삶에 대한 의문과 갈등에 싸인 사람들의 괴로움에 함께하셨다(19,1-10). 십자가를 진 당신을 뒤따르며 통곡한 여자들의 슬픔에 함께하셨고(23,28-31), 낙심한 채 엠마오로 가던 제자들과 동행하셨다(24,19-27). 그리고 무엇보다 성령과 하느님과 함께 순례하셨다. 루카는 기도하는 예수님의 모습을 많이 그린다(세례 때: 3,21; 나병 환자의 치유 후에: 5,16; 제자들을 뽑으실 때: 6,12; 수난 예고 전에: 9,18; 거룩한 변모 때: 9,28-36; 겟세마니에서: 22,39-46; 십자가에서 사람들을 용서하실 때: 23,34; 죽음을 앞두고 기도하실 때: 23,46 참조). 예수님에게 기도는 하느님과의 만남이며, 언제나 곁에 계시는 아버지께 드리는 감사이다. 자신을 통해 하느님께서 세상에 드러나심을 감사드리는 시간이고, 자신의 뜻과 하느님의 뜻을 알아 가고 일치시켜 실현하기 위한 쉼의 시간이며, 하느님을 느끼는 시간이었다.

(2) 바오로의 길

앞서 바오로의 선교 전략에서도 살펴보았듯이, 바오로 사도는 언제나 친구와 함께 선교를 떠났다. 예수님께서도 일흔두 제자를 파견하시며 "당신에 앞서 둘씩"(루카 10,1) 짝지어 보내셨는데, 쉽지 않은 여정에서 서로에게 힘이 되어 주기를 바라는 마음이셨을 것이다.

    힘든 길을 혼자 걷다 보면 때로는 지쳐 넘어져 일어나지 못할 때도 있다. 그때 누군가가 나와 함께 걷는다면, 곧 나를 믿고 내게 손 내밀어 준다면, 한 걸음 더 나아갈 수 있다. 그래서 우리는 같은 것을 느끼고 공유하며, 함께 나아갈 방향을 찾고, 서로 기댈 수 있는 존재가 필요하다.

    무엇보다도 바오로 사도의 모든 선교 여정에는 **성령께서 동행**해 주셨음을 잊지 말아야 한다. 첫 선교 여정을 떠나기 전 바오로와 그 일행은 안티오키아 교회에서 예배드리며 단식하고 있었는데, 성령께서 오시어 그들에게 사명을 부여하신다(13,1-3). 그래서 루카는 키프로스로 떠나는 그들을 "성령께서 파견하신 바르나바와 사울"(13,4)이라고 표현한다. 바오로는 설교하거나 중요한 말을 할 때에도 "성령으로 가득 차" 있는 모습으로 그려진다(13,9.52).

성령께서는 바오로가 좌절을 겪을 때 다시 일어날 용기를 주신다. 한번은 바오로가 코린토에서 선교할 때 사람들이 그를 반대하며 모독하는 말을 퍼붓자, 그는 옷의 먼지를 털어 버리고 그 자리를 떠났다(18,6 참조). 그러나 이후 주님께서는 바오로의 환시 속에 나타나, 당신께서 함께 있으니 두려워 말고 복음을 전하라고 이르신다. 주님께 위로를 받은 바오로는 "그곳에 자리를 잡고 사람들에게 하느님의 말씀을 가르쳤다"(18,9-11). 또한 바오로가 예루살렘에서 최고 의회에 붙잡혔을 때도, 주님께서는 그의 앞에 서시어 그를 격려하신다. "용기를 내어라. 너는 예루살렘에서 나를 위하여 증언한 것처럼 로마에서도 증언해야 한다"(23,11). 로마로 압송되던 배에서 폭풍우를 만나 죽을 운명에 처했을 때도, 하느님의 천사는 바오로를 안심시키며 사명을 일깨워 주신다(27,24).

성령께서는 바오로의 선교 여정을 이끄시는 주체이시다. 특히 두 번째 여정에서 바오로는 그가 예정했던 곳과 전혀 다른 길을 알려 주시는 성령의 뜻을 따라 새로운 방향으로 나아가게 된다. 이는 아시아뿐 아니라 그리스 지역에도 복음이 전해지는 계기가 된다(16,6-10). 바오로 사도는 마지막 선교 여행 중 에페소 원로들과 작별 인사를 나누며, 그가 성령께 사로잡혀 예루살렘으로 가고 있다고 말한다. 언제나 성령께서 자신과 동행하고 계시며, 앞으로도 함께해 주시리라는 확신을 고백한다(20,22-24).

바오로는 그의 삶에 고통과 박해가 그치지 않을 것을 알고 있었다. 그럼에도 불구하고 그 길을 항구하게 걸어갈 수 있었던 것은 바로 **성령께서, 하느님께서 자신과 함께해 주신다는 강한 믿음** 때문이다. 그는 하느님께서 새로운 구원의 길을 열어 주실 것을 확신했다. 그래서 바오로는 원로들에게도 지금 맡겨진 임무가 성령께서 주신 것임을 명심하고, 늘 깨어서 자신을 경계하며 성령과 함께 교회를 돌보는 일에 전념하라고 말한다(20,28-31).

바오로 사도가 선교 여정 동안 빠짐없이 행한 기도와 단식, 공동체 전례 등은 한결같이 그와 함께하시는 성령을 기억하게 했다(13,2-3; 14,23; 16,25; 220,7.36; 21,5; 27,35-36 참조). 감옥에서, 박해를 피하여 도망치는 동안에도, 휘몰아치는 폭풍우 속 죽음의 위기에서도, 그는 기도하며 예수님의 현존을 느꼈다. 그 힘으로 바오로 사도는 영도자이신 예수님을 따르며 그분의 뜻과 삶을 증언하였고, 결국은 그분과 완전히 하나되는 죽음과 사랑과 열정의 길을 걸어갔다.

마지막으로 살펴볼 **바오로 사도의 동행의 대상은 교회 공동체**이다. 그는 홀로 여정을 시작하지 않았으며 언제나 선교 여행이 끝나면 교회 공동체에게 자신의 성과와 활동을 보고했다. 바르나바와 사울은 시리아의 안티오키아 공동체 사람들의 기도와 안수를 받고 선교 여행의 첫걸음을 뗐다(13,3). 여행을 마치고서 안티오키아로 돌아왔을 때도 "교회 신자들을 불러, 하느님께서 자기들과 함께해 주신 모든 일과 또 다른 민족들에게 믿음의 문을 열어 주신 것을 보고한다"(14,27). 그들이 두 번째 선교 여행을 떠난 목적도 교회 공동체와 동행하기 위해서이다. 바오로와 바르나바는 "주님의 말씀을 전한 모든 고을로 형제들을 찾아가 그들이 어떻게 지내고 있는지 살펴보았다"(15,36). 마지막 선교 여행의 목적 역시 "모든 제자들의 힘을 북돋아 주기"(18,23) 위함인데, 그가 세운 개별 공동체들을 방문하며 혹여 무슨 문제는 없는지 끊임없이 돌보고 소통하려는 것이었다. 바오로 사도가 쓴 여러 서간만 보더라도, 그가 얼마나 공동체의 문제에 관심을 두고 그들이 하느님의 자녀로서 살아가길 바랐었는지 잘 알 수 있다.

이와 함께 '에페소 원로들과 작별 인사를 나누는 이야기'(20,17-38)에서는 바오로가 공동체와 나눈 사랑과 친교가 잘 드러나 있다. 이 대목에는 사도행전에서 유일하게 그리스도 예수님을 믿는 공동체(원로들)를 대상으로 한 바오로의 설교가 담겨 있다. 바오로는 자신이 예수님을 증언하는 사도로서 얼마나 열정적으로 살아왔는지, 그들에게 하느님의 모든 뜻을 알려 주었는지 이야기한다. 이어서 그가 선포하고 행한 일들을 원로들에게 맡기며 그들의 용기를 북돋아 준다. 바오로와 에페소의 원로들은 사랑이 담긴 뜨거운 작별 인사를 나누는데(21,36-38), 이 장면만 보더라도 그들의 사랑은 의례적이거나 형식적이지 않았으며, 진정으로 아쉬워하고 있음을 알 수 있다. 바오로 사도는 공동체가 기쁠 때만이 아니라 힘들고 어려울 때, 박해를 받아 절망 속에 빠져 있을 때, 갈 길을 잃고 헤맬 때에도 항상 그들과 동행했기에 서로의 버팀목이 될 수 있었다.

바오로 사도는 중요한 결정을 독단적으로 내리지 않았다. 언제나 **다른 사도들과, 그리고 모(母)교회인 예루살렘 교회와 상의하였으며, 그들의 결정을 존중**하고 따랐다. 바오로의 첫 번째 선교 여정이 끝나고, 예루살렘에서는 '사도 회의'(15,1-21)가 열린다. 공동체의 새로운 구성원이 된 이방인들이 유다인의 전통을 따라야 할지 논의하기 위해서였다. 사도 회의에서 베드로는 자신의 체험(코르넬리우스와의 사건: 10,1-48)을 이야기하며 모든 사람에게 아무런 차별이 없음을 밝힌다. "사람의 마음을 아시는 하느님께서는 우리에게 하신 것처럼 그들(이방인)에게도 성령을 주시어 그들을 인정해 주셨습니다. 그러자 그들의 믿음으로 그들의 마음을 정화하시어, 우리와 그들 사이에 아무런 차별도 두지 않으셨습니다"(15,8-9). 그러자 예루살렘 교회의 책임자라고 할 수 있는 야고보 사도가 다음과 같이 결정을 내린다. "다른 민족들 가운데에서 하느님께 돌아선 이들에게 어려움을 주지 말고, 다만 그들에게 편지를 보내어, 우상에게 바쳐 더러워진 음식과 불륜과 목 졸라 죽인 짐승의 고기와 피를 멀리하라고 해야 합니다"(15,19-20).

바오로는 이 회의가 적잖이 불편했을 것이다. 예루살렘에 있는 대부분의 그리스도인은 유다 전통 안에서 살아가던 사람들로, 이방인들은 비교적 적었다. 하지만 바오로가 선교지에서 만나 함께 지냈던 이들은 유다인의 전통이나 모세의 율법을 따르지 않는 사람들이 훨씬 많았기 때문이다. 과연 베드로는 예루살렘에 있는 사도들이 이런 선교 현장의 상황을 잘 알 것이라고 생각했을까? 그래서인지 바오로는 말만 하고 실천하지 않는 베드로 사도와 그 무리의 위선적 태도를 자신의 편지에서 비판하기도 한다(갈라 2,11-14). 바오로는 예수님의 가르침에서 벗어난 요구나 압력에는 결코 물러서지 않았다. 그렇다고 교회 공동체를 떠나 독단적으로 행동하지도 않았다. 그는 어느 정도의 유연한 태도를 취하고자 노력했다. 예를 들면 회개한 유다인들과 이방인들의 화합을 위해 그리스인 아버지와 유다인 어머니를 둔 티모테오가 할례를 받도록 한다(16,3). 또한 마지막 선교 여행을 마치고 자신의 활동 내용을 보고하기 위해 예루살렘 교회의 야고보 사도를 방문한다. 그리고 야고보의 권고대로 사람들을 성전에 데리고 가서 정결 예식을 거행하고 예물을 바치는 모습(21,17-26)을 보면, 우리는 그가 얼마나 교회의 화합과 일치를 위해서 노력했는지 알 수 있다.

(3) 그리스도인의 삶

바오로 사도처럼 예수님을 따라 걷기 위해 우리가 해야 할 일은 바로 **예수님과 동행**하는 것이다. 예수님께서 당신의 지상 여정 내내 하느님과 함께 걸으셨고, 바오로 사도가 언제나 성령과 함께 걸었듯이 말이다. "오소서! 성령님! 저희 마음을 성령으로 가득 채우시어 저희 안에 사랑의 불이 타오르게 하소서!" '일을 시작하며 바치는 기도'는 성령을 부르고 그분께 의탁하며 시작한다. 새롭게 주신 '하루'를 주님의 뜻대로 살기를 갈망하며, 성령께서 우리의 마음과 귀를 열어 주시기를 기도하면 좋겠다.

길 위에서 바오로 사도는 기도와 예배를 삶의 중심에 놓고 살았다. 기도는 '만남'이다. 기도를 통해 나를 만나고, 하느님을 만나, 결국은 그분의 뜻대로 세상과 만나기 위한 작업이다. 내가 어떻게 살아왔고, 지금 어디에 있으며, 진정 갈망하는 것이 무엇인지 바라보는 것이다. 내가 걸어온 길이 하느님의 뜻에 맞는지, 내가 원하는 바를 하느님께서도 원하시는지 그분께 묻고 그분 말씀을 듣는 시간이다.

예수님께서는 겟세마니 동산에서 당신이 원하는 것을 하느님께 말씀드렸다. "아버지, 아버지께서 원하시면 이 잔을 저에게서 거두어 주십시오." 하지만 마지막에는 "제 뜻이 아니라 아버지의 뜻이 이루어지게 하십시오!"(루카 22,42)라고 기도하신다. 기도는 나의 방향성을 바꾸게 한다. 잘못된 방향으로 가던 걸음을 하느님께로 향하게 한다. 그제서야 우리는 세상과 내 주위를 돌아보게 된다. 기도는 우리를 다른 시선으로, 다른 생각으로, 다른 행동으로 이끈다. 우리는 기도할 때, 성령의 이끄심으로 하느님을 바라보고 예수님의 삶을 기억하고 따르며, 하느님의 자녀로서 자신의 참된 정체성을 발견할 수 있다.

예수님께 동행은 수단인 동시에 그 자체가 목표이다. 그래서 함께 걸으면서도 강요하지 않으신다. 먼저 저만치 앞서가시기보다 동행하는 이 곁에서 그의 아픔을 같이 느끼시고 그들의 걱정과 두려움에 위안과 용기를 북돋아 주신다. 바오로 사도가 그의 동료와, 그리고 공동체와 동행하는 모습은 그 자체로 새로운 교회의 모습이다. 바오로는 다른 이의 이야기를 경청하고 아픔과 걱정에 공감한다. 자신의 안위보다 타인을 걱정하며, 공동체를 위한 삶을 살아간다. 때로는 그들을 통해 위안을 받고, 그들에게 좋은 표양을 보이며, 그리스도의 사명을 이루어 간다. 우리도 목적을 위한 수단으로서 동행하는 것이 아니라, 함께 걸어가는 삶, 곧 **시노달리타스 Synodalitas 자체가 목적**이 되면 좋겠다.

친교의 순례

(1) 예수님의 길

마지막 순례의 원칙은 **함께 머물며 나누는 친교**이다. 루카 복음사가는 예수님의 식사 장면을 중요한 순간마다 그리고 있다. 예수님께서는 매우 다양한 계층과 신분의 사람들과 함께 식사하셨다. 그분은 죄인(루카 5,27-32; 7,48), 군중(9,10-17), 친구(10,38-42), 바리사이(11,37; 14,1), 가난한 이(4,12-14), 부자(19,5-7), 제자들(22,7-20; 24,28-34)과 함께 음식을 나누셨다. 식사 자리는 단순히 굶주린 배를 채우고 식욕을 해소하는 자리가 아니다. 대화를 하며 서로의 생각과 가치를 공유하고 생각의 차이를 좁히기도 하며, 오랫동안 보지 못한 사람들이 서로의 정을 확인하기도 한다. 그래서 예수님은 식사 자리에서 사람들을 가르치셨고, 바리사이들의 그릇된 생각을 비판하셨으며, 자캐오와 같은 사람을 회심하게 하셨다. 그리고 굶주리고 가난한 사람들에게 당신의 자비와 사랑을 보여 주셨다.

하지만 식사 자리가 언제나 행복하게 흘러가지는 않았다. 많은 유다인이 예수님을 식사에 초대하고는 시기심에 가득 차 그분을 비판하며 불만을 표출한다(5,30.33; 7,39; 11,38; 14,1; 15,2; 19,7). 그들은 예수님과의 식사 자리에서 그분의 생각을 알게 되고 그분의 행동을 보고는 당혹스러워한다. 하지만 그들의 혼란과 갈등은 예수님을 향한 비판으로 마무리되곤 한다. 제자들도 종종 예수님의 생각과 정면으로 부딪힌다. 많은 군중이 예수님을 따라온 어느 날, 날이 저물기 시작하자 제자들은 예수님께 말한다. "군중을 돌려보내시어, 주변 마을이나 촌락으로 가서 잠자리와 음식을 구하게 하십시오. 우리가 있는 이곳은 황량한 곳입니다"(9,12). 그러자 예수님께서는 "너희가 그들에게 먹을 것을 주어라"(9,13)라고 하신다. 제자들은 얼마나 당혹스러웠을까? 빵 다섯 개와 물고기 두 마리밖에 없는 상황에서 오천 명이 넘는 사람들을 먹여야 한다니, 무엇을 해야 할지 몰라 당황스러웠을 것이다. 이런 갈등과 당혹감은 제자들과 예수님의 식사 장면에 종종 등장한다. 최후의 만찬 이후 배반자를 색출하려는 제자들의 질문(22,23)이나, 누구를 가장 높은 사람으로 볼 것이냐는 문제로 다툼을 벌이는 장면(22,24)만 보더라도 제자들의 생각은 예수님의 생각과 전혀 다르다.

유다인의 지도자들과 제자들을 비롯하여 식사 자리에서 예수님과 만난 사람들은 모두 내적 갈등을 겪었다. 특히 예수님과의 만남 이후 회개한 자캐오(19,1-10)와 동생을 시기했던 마르타(10,38-42)는 예수님 때문에 내적으로 갈등하고 고민했다. 예수님의 가치와 신념을 받아들이고 그분의 삶을 따를 것인지, 아니면 이제까지 살아온 대로 계속 살 것인지의 기로에 선 것이다. 그리고 그들은 지금까지 본 적 없는 새로움을 보여 주시는 예수님의 길을 선택했다.

(2) 바오로의 길

루카 복음사가는 바오로 사도가 나눈 친교를 이야기할 때,

'식사'보다는 '박해와 대립', 곧 '다름에 대한 갈등'을 주 모티브로 삼는다. 바오로 사도는 많은 사람에게 배척과 멸시를 받았다. 그래서 그의 삶의 대부분은 투옥과 도주로 점철되어 있다. 그가 회심하기 전처럼 행동하기를 바란 유다인들, 이방인을 교회 안으로 받아들이는 데 부정적인 유다계 그리스도인들, 여정을 함께한 동료들, 그리고 교회를 책임진 다른 사도들과 교회 공동체의 원로들과 갈등을 겪었다. 또한 로마 제국이 이용하던 민중의 종교심, 그리스인들의 사고방식과 문화, 그를 감옥에 가두고 동물원의 원숭이처럼 조롱했던 로마 제국과도 갈등을 겪었다.

하지만 바오로는 예수님을 믿고 따르며 증언하는 사명을 받아들인 자신에게 반드시 필요한 일임을 알고 있었다. 이는 다마스쿠스로 가는 길에 겪은 강렬한 체험으로 깨달은 바였다. 그날의 사건은 이제까지 그가 걸어온 길을 철저히 부정하게 했고, 그가 얼마나 나약한 존재인지 알게 해 주었다. 땅에 넘어져 아무것도 볼 수 없던 어둠의 체험은 그의 종교적 가치를 뒤엎은 위기의 순간으로, 그는 인간의 의지와 노력으로는 구원의 삶을 실현할 수 없다는 사실을 뼈저리게 깨달았다. 새롭게 태어난 바오로는 예수님과 이루는 친교 안에서 차별 없이 모든 이를 받아들이는 친교의 삶을 살아갈 수 있었다.

바오로 사도는 다마스쿠스로 가는 길에 그를 넘어뜨렸던 강렬한 그 빛이, 계속해서 그를 넘어뜨리고 눈멀게 했음을 선교의 여정 안에서 체험한다. 아테네(17,16-34)는 그가 유일하게 그리스도교 공동체를 만들지 못했던 지역이다. 바오로 사도는 그곳에서 문화와 종교의 차이 때문에 충격을 받는다(17,16-18 참조). 아테네 사람들은 그가 그저 이방신을 선전한다고 결론지었기에, 그들의 마음에는 어떠한 동요도 일지 않았다. 바오로는 그의 선포 방식을 바꿔 명백한 논리와 철학적 논증으로 그들을 회개시키려 노력했지만, 실패한다. 어떤 이들은 바오로를 비웃고 어떤 이들은 "그 점에 관해서는 다음에 다시 듣겠소" 하며 무관심하게 대했다(17,32). 그들은 바오로를 말만 많은 "떠버리"(17,18)라고 여긴다. 바오로는 크게 실망했다.

그는 여기서 회심 이전, 자신의 능력과 인간의 논리에만 집중했던 자신의 나약함과 십자가를 발견하게 된다. 아테네 사람들은 세상을 새롭게 받아들이지도, 변화하려고도 하지 않는다. 그렇지만 예수님을 또다시 새롭게 체험한 바오로는 자신과 세상과의 관계를 새롭게 설정하게 된다. 그렇게 바오로는 거듭된 갈등 상황 속에서 친교의 여정을 끊임없이 걸었으며, 다른 이들도 자신처럼 갈등과 고민 속에 길을 찾아가기를 권고했다.

(3) 그리스도인의 삶

예수님께서 부활하신 뒤 제자들에게 나타나셨던 장면(루카 24,36-49)은, 어쩌면 바오로가 체험한 '갈등 속에 찾아오는 친교'의 모습일 것이다.

> 그들이 이러한 이야기를 하고 있을 때 예수님께서 그들 가운데에 서시어, "평화가 너희와 함께!" 하고 그들에게 말씀하셨다(24,36).

예수님께서는 제자들 가운데 서시어 "평화가 너희와 함께!"(24,36)라고 인사하신다. 그 인사말 안의 '평화'는 '예수님께서 세상에 지르신 불'(12,49)이며, '사람들끼리 서로 맞서 싸우며 갈라지는 분열'(12,51-53)이다. 제자들의 두려움과 당혹감은 이제 기쁨으로 바뀐다.

우리 삶은 갈등의 연속이다. 매 순간 다가오는 선택 앞에 우리는 갈등하고 고민한다. 하지만 우리에게 이런 내적 도전이 없다면, 우리는 쉽게 변화되지 않을 것이다. 안주하는 삶 속에서는 하느님과의 친교가 일어날 수 없다. 말씀에 비추어 우리의 삶을 되돌아보고, 우리의 신념이 옳은 길인지 **끊임없이 고민하고 질문**해야 한다. 그것이 바로 회개의 삶이다. 회개는 나를 새롭게 하고, 하느님의 뜻과 가치로 세상을 바라보게 하여, 나와 하느님과 세상이 함께 친교를 이루도록 이끌어 간다. 그래서 그리스도인에게 '갈등'을 받아들이는 일은 운명이고 사명일지 모른다. 또한 우리는 복음에서 비롯되는 갈등을 주변 사람들에게도 일으켜 주어야 한다. 우리 삶의 모습을 통해 다른 이들을 당혹스럽게 하고, 우리의 행동에 의문을 갖게 해야 한다. 세상의 가치와는 다른 복음의 가치를 살아감으로써 그들 안에 갈등과 고민이 일어나게 해야 한다. 바오로 사도는 그의 서간에서 자신의 지나온 삶을 평가하며, 다른 사람들이 뭐라고 하든지 자신은 오직 하느님과의 관계에만 마음을 쓴다고 밝힌다(1코린 4,9-13).

우리는 세상과 타협하려는 유혹을 받는다. 우리가 복음과 일치하는 삶을 살고자 할 때 사람들은 우리를 불편해 할 것이다. 갈등과 혼란, 머뭇거림 속에서도 친교를 이루려는 우리의 열망은 우리 삶의 마르지 않는 샘처럼 우리를 걷게 할 것이다. 내 안의 갈등을 바라보자. 그리고 세상이 갈등할 수 있도록 우리의 발걸음을 예수님의 발걸음에 맞추어 보자. 고독과 몰이해 중에도 우리와 동행하시는 예수님의 현존이, 우리를 지탱해 주는 성령께서 언제나 우리와 함께 계신다.

성령의
이끄심
그 길을 가다

서울대교구 인가	2023년 11월 1일
초판 1쇄 펴낸날	2024년 2월 13일
2쇄 펴낸날	2024년 6월 15일
지은이	최종훈
펴낸이	나현오
펴낸곳	성서와함께
	06910 서울특별시 동작구 흑석로13길 7
	Tel: (02) 822-0125~7/ Fax: (02) 822-0128
	http://www.withbible.com
	e-mail: order@withbible.com
등록번호	14-44(1987년 11월 25일)

ⓒ 2024 최종훈
성경·전례문 ⓒ 한국천주교중앙협의회, 2024.

ISBN 978-89-7635-427-3   93230

* 이 책에 실린 내용은 펴낸이의 허가 없이 전재 및 복제할 수 없습니다.